世界银行贷款项目管理丛书

世界银行贷款项目
社会评价精解

潘良君　何　勇　王海涛　等编著

东南大学出版社
SOUTHEAST UNIVERSITY PRESS
·南京·

图书在版编目(CIP)数据

世界银行贷款项目社会评价精解 / 潘良君等编著.
—南京：东南大学出版社，2017.5
(世界银行贷款项目管理丛书 / 朱海生主编)
ISBN 978-7-5641-7117-9

Ⅰ.①世… Ⅱ.①潘… Ⅲ.①世界银行贷款—贷款项目—社会评价 Ⅳ.①F831.6

中国版本图书馆 CIP 数据核字(2017)第 076304 号

世界银行贷款项目社会评价精解

出版发行	东南大学出版社
出 版 人	江建中
社　　址	南京市四牌楼 2 号(邮编:210096)
网　　址	http://www.seupress.com
责任编辑	孙松茜(E-mail:ssq19972002@aliyun.com)
经　　销	全国各地新华书店
印　　刷	江苏凤凰扬州鑫华印刷有限公司
开　　本	787mm×1092mm　1/16
印　　张	9.75
字　　数	250 千字
版　　次	2017 年 5 月第 1 版
印　　次	2017 年 5 月第 1 次印刷
书　　号	ISBN 978-7-5641-7117-9
定　　价	118.00 元

(本社图书若有印装质量问题,请直接与营销部联系。电话:025-83791830)

世界银行贷款项目管理丛书编委会名单

编委会名单

主　任：朱海生

副主任：何　勇　　潘良君　　郜书明　　胡银生
　　　　王海涛　　王　蔚

委　员：朱海生　　何　勇　　潘良君　　郜书明
　　　　胡银生　　王海涛　　王　蔚　　林宗成
　　　　杨大伟　　刘　斌　　刘建望　　李绍君
　　　　袁金木　　董晓军　　朱小飞　　张永生
　　　　王堪甲　　邵群梅

序
Preface

改革开放以来,江苏水利工程建设在立足自身发展的同时,不断加大开放发展力度,先后引进水利工程建设项目法人制、招标投标制、建设监理制和合同管理制等国际先进的管理理念,利用日本海外协力基金建设通榆河中段工程等。这些交流合作在解决我省水利工程建设资金缺口的同时,不断拓展自身发展空间,显著提升了水利重点工程建设管理水平。

世界银行贷款淮河流域重点平原洼地治理项目是我省近年来采用世界银行贷款资金建设的水利工程,该工程效益显著、管理规范。2016年11月,在国家财政部联合世界银行、亚洲开发银行、德国国际合作机构、美国国际开发署等机构在重庆举办的"第四届全球交付倡议(GDI)大会"上,江苏省世行贷款淮河流域重点平原洼地治理项目管理办公室编写的《江苏省世行贷款淮河流域重点平原洼地治理项目交付科学案例报告》,被世界银行正式选入全球案例图书馆,成为中国首批入选的9个项目案例之一;同时,该项目入选近十年来中国10个世界银行安保政策实施最佳案例之一。为全面总结我省世界银行项目的成功经验,江苏省世行贷款淮河流域重点平原洼地治理项目办将多年的实践工作与相关理论相结合,经过系统整理撰写,编著成册,形成了系列丛书——世界银行贷款项目管理丛书。本丛书共分三册,分别为《世界银行贷款项目管理实务精解》《世界银行贷款项目社会评价精解》和《世界银行贷款项目环境管理精解》。

世界银行作为一个国际开发援助机构,贷款条件相对优惠,但是与国内基建程序相比,世界银行贷款项目在环境、移民、采购、提款报账等方面有着一整套规章制度和保障政策需要遵循。本丛书系统地介绍了世界银行贷款项目管理的基本知识、实践经验和操作技巧,着重论述世界银行贷款项目周期内各阶段的工作、世界银行的环境与安全政策等，以利于相关读者熟悉并掌握世界银行贷款项目管理程序和工作重点，融会贯通并且灵活运用其政策要求，进而不但可以少走弯路，加快项目开发进程，而且还可以充分利用其政策的自由度，为建设项目争取更多的优惠条件。

十八届五中全会提出了"创新、协调、绿色、开放、共享"的五大发展理念，其中开放理念是我省水利工程建设发展不断取得新成就的重要法宝。他山之石，可以攻玉。在当前水利工程建设蓬勃发展之际，加大对外开放力度，合理利用外资，不但可以弥补国内建设资金不足，从整体上加快水利建设进度；而且通过引进先进的技术和管理经验，还可以促进水利工程建设领域体制机制创新，不断提升水利工程建设管理整体水平。希望本丛书的出版，对更多利用世界银行贷款建设的水利项目熟悉世界银行操作规则、掌握世界银行工作流程、提升建设管理水平有所裨益！

朱海生

2017 年 3 月

目录 Contents

第 1 章 　概述 …………………………………………………………………… 1

　　1.1　世界银行简介 ……………………………………………………… 1
　　1.2　世界银行的贷款项目 ……………………………………………… 2
　　1.3　世界银行项目与社会评价 ………………………………………… 3

第 2 章 　世界银行社会安全保障管理政策 ………………………………… 5

　　2.1　世界银行安全保障管理政策 ……………………………………… 5
　　2.2　世界银行安全保障管理政策的发展过程 ………………………… 6
　　2.3　世界银行安全保障政策条款 ……………………………………… 7
　　2.4　世界银行的社会安全保障政策 …………………………………… 9

第 3 章 　项目周期中社会安全保障管理工作 ……………………………… 18

　　3.1　世界银行的项目周期 ……………………………………………… 18
　　3.2　项目准备阶段 ……………………………………………………… 19
　　3.3　项目实施阶段 ……………………………………………………… 23
　　3.4　项目竣工阶段 ……………………………………………………… 24
　　3.5　社会安全保障工作的机构 ………………………………………… 24

第 4 章 　社会影响评价 ……………………………………………………… 28

　　4.1　社会影响评价概述 ………………………………………………… 29
　　4.2　社会影响评价应贯穿项目周期全部过程 ………………………… 33
　　4.3　社会影响评价的分析框架与工作步骤 …………………………… 35
　　4.4　社会影响评价的内容 ……………………………………………… 40

4.5　社会影响评价的方法 …………………………………… 44
　　4.6　案例分析 ………………………………………………… 47

第5章　移民行动计划 …………………………………………… 52

　　5.1　世界银行非自愿移民政策 ………………………………… 52
　　5.2　移民安置计划的识别与主要文件 ………………………… 54
　　5.3　非自愿移民安置规划 ……………………………………… 55
　　5.4　移民安置政策框架 ………………………………………… 61
　　5.5　移民安置程序框架 ………………………………………… 62
　　5.6　案例分析 …………………………………………………… 63

第6章　移民监测与评估 …………………………………………… 68

　　6.1　移民监测与评估的必要性、作用、依据与原则 ………… 68
　　6.2　移民监测与评估计划 ……………………………………… 69
　　6.3　内部监测 …………………………………………………… 70
　　6.4　外部监测 …………………………………………………… 72
　　6.5　受影响者参与监测、审查和评估 ………………………… 76
　　6.6　案例分析 …………………………………………………… 77

第7章　少数民族发展行动计划 …………………………………… 81

　　7.1　世界银行少数民族政策的应用 …………………………… 81
　　7.2　编制少数民族发展行动计划的目的和宗旨 ……………… 83
　　7.3　少数民族发展行动计划编制与监测评估的工作步骤 …… 84
　　7.4　少数民族发展行动计划的内容 …………………………… 89
　　7.5　案例分析 …………………………………………………… 90

第8章　贫困减缓计划与实施管理 ………………………………… 98

　　8.1　世界银行与贫困减缓 ……………………………………… 98
　　8.2　贫困分析 …………………………………………………… 99
　　8.3　贫困减缓计划的编制 ……………………………………… 102

8.4　贫困减缓计划的实施管理 …………………………………… 103
　　8.5　贫困减缓计划的组织实施机构 ………………………………… 104
　　8.6　案例分析 ………………………………………………………… 106

第9章　社会性别发展计划和实施管理 ……………………………… 114
　　9.1　社会性别发展行动计划的目的与宗旨 ………………………… 114
　　9.2　社会性别发展行动计划编制与监测评估的工作步骤 ………… 115
　　9.3　社会性别发展行动计划的内容 ………………………………… 119
　　9.4　案例分析 ………………………………………………………… 121

第10章　利益相关者参与和信息公开 ………………………………… 131
　　10.1　利益相关者参与的目的和意义 ………………………………… 131
　　10.2　项目准备阶段的参与 …………………………………………… 132
　　10.3　项目实施过程中的利益相关者参与 …………………………… 134
　　10.4　申诉机制 ………………………………………………………… 134
　　10.5　案例分析 ………………………………………………………… 135

参考文献 ………………………………………………………………… 141

后记 ……………………………………………………………………… 143

第1章 概　述

1.1　世界银行简介

　　世界银行是面向全世界发展中国家提供资金和技术援助的一个重要机构,是在1944年根据美国布雷顿森林会议通过的《国际复兴开发银行协议》成立的。世界银行不是一个常规意义上的银行,而是一个以减少贫困和支持发展为使命的独特的合作伙伴机构。它由国际复兴开发银行(International Bank for Reconstruction and Development,IBRD)和国际开发协会(International Development Association,IDA)两个机构组成。IBRD致力于在中等收入国家和信誉良好的较贫困国家减少贫困,而IDA则侧重于援助世界上最贫困的国家。另外加上国际金融公司(International Finance Corporation,IFC)、多边投资担保机构(Multilateral Investment Guarantee Agency,MIGA)和国际投资争端解决中心(International Centre for Settlement of Investment Disputes,ICSID)共同组成世界银行集团(World Bank Group)。这五个机构分别侧重于不同的发展领域,但都运用各自的优势,共同实现促进经济发展和减缓贫困的集团目标。

　　世界银行的资金来源于成员国缴纳的股金、它向国际金融市场的借款以及发行的债券和收取的贷款利息。目前,世界银行有188个成员国,它们组成理事会并拥有世界银行的主权。一个由24个成员组成的董事会具体领导世界银行,每个董事代表一个国家(重要的捐助国)或一组国家,董事由该国或国家群任命。每个成员国的表决权分两个部分:第一个部分是所有成员国相同的,第二个部分按每个成员国缴纳的股份不同而异。因此成员国的表决权按其所占股份的比例会有所不同。2010年世界银行发展委员会春季会议通过了发达国家向发展中国家转移投票权的改革方案,这次改革使中国在世界银行的投票权从2.77%提高到4.42%,成为世界银行第三大股东国,仅次于美国(占17.37%)和日本(占7.9%)。

　　2013年,世界银行设立了更为具体的但仍雄心勃勃的两大目标:(1)促使各国和国际社会共同努力,在一代人时间内终结极度贫困,其目标是到2030年将处于日均1.25美元贫困线下的贫困人口比例降低到3%以下;(2)促进"共享繁荣",即社会中较贫困阶层的福祉实现可持续增长,目标是促进各国处于底层的40%人口的收入增长。

1.2 世界银行的贷款项目

世界银行是全球范围内最重要的国际金融组织之一，国际金融组织分为全球性金融组织和区域性金融组织两类。全球性国际金融组织主要有国际货币基金组织（IMF）、世界银行（WB）、国际农业发展基金（IFAD）等；区域性国际金融组织主要有亚洲开发银行（ADB）、亚洲基础设施投资银行（AIIB）、泛美开发银行（IDB）、非洲开发银行（AFDB）、阿拉伯货币基金组织（AMF）、欧洲复兴开发银行（EBRD）等。按照2015年的统计数据，在中国从国际金融组织的所有贷款中，世界银行贷款占67%，亚行贷款占31%，其余的占2%，世界银行因此在国际金融组织对中国的贷款投资中占主体地位。

世界银行对贷款方式有多种分类，诸如：(1) 特定投资贷款；(2) 部门贷款；(3) 结构调整贷款；(4) 技术援助贷款；(5) 紧急复兴贷款；(6) 发展政策贷款；(7) 结果导向型规划贷款。其中，"特定投资贷款"的全部和"部门贷款"的一部分属项目贷款，余者基本上属非项目贷款。项目贷款期限为20~30年左右，宽限期5~10年。

从贷款性质上看，世行的贷款总共有三种：投资贷款（IPF）、结果导向型贷款和发展政策贷款（DPL）。投资贷款资助众多部门经济与社会发展项目建设所需的货物设备、土建工程和咨询服务，其执行期一般为5~10年。这是世界银行资助的主流贷款模式。发展政策贷款通过向借款国提供非指定用途的一般性预算支持和快速支付型外部资金，促进政策与制度改革，其执行期一般为1~3年。发展政策贷款原先旨在为贸易政策和农业改革等宏观经济政策改革提供支持。近年来世界银行又开发出结果导向型的贷款模式（PforR），其主要特点是注重结果导向，每个项目有清晰完整的结果指标体系。这类贷款仅限于中低风险项目，依赖于借款国的环境和社会体系对项目的环境和社会影响进行管理。

经历60多年的发展，世界银行的运行机制也在不断顺应时代发展的要求而进行不断更新和发展。当前，世界银行正在推进旨在增强包容性、促进创新、提高效率、增强效果和促进问责的多项改革，并加大同联合国、国际货币基金组织、其他多边发展银行、捐赠方、公民社会及基金会的合作力度。同时，为了能反映21世纪国际经济发展实际情况、承认更多利益攸关方的作用和责任、赋予发展中国家更大话语权，世界银行还要进一步深化改革。所有这些改革旨在提高服务质量、促进成员国社会经济发展，同时也为创新成员国与世界银行的合作模式开辟新的途径。

对于世界银行来说，中国是其最好的合作伙伴之一。截至2014年6月30日，世界银行累计对华贷款（国际复兴开发银行和国际开发协会贷款总和）约为540亿美元，贷款项目376个。项目主要集中在环境、交通、城市发展、农村发展、能源、水资源管理和人类发展等领域。至 2015 年中国的世行贷款在建项目有 112 个，涉及贷款投资 130 亿美元；其中 2015 年度批准的项目 18 个，贷款投资 18.56 亿美元。总的来讲，中国在利用世界银行贷款促进经济社会发展方面做得相当成功，而中国的经济社会发展又推动了世界银行所倡导的全球减贫和共享繁荣。

1.3 世界银行项目与社会评价

世界银行高度重视所资助的项目带来的环境与社会风险及其可能产生的影响，要求识别和分析项目带来的社会与环境风险及影响，采取降低风险和减缓负面影响的措施。不仅如此，世界银行还要求借款方在项目整个生命周期中对社会与环境风险和影响进行评估，监测各种应对举措的执行情况及其成效。识别、分析、监测和评估社会与环境风险及影响通常被统称为"社会评价"。

在世界银行贷款项目中做社会评价是非常必要的，既可以避免对环境或受影响人群造成伤害，也可以更好地完善项目涉及和提高执行工作的效率，还可以保护世界银行和借款国的信誉。在一个具体项目中，社会评价的目的有三个：一是识别与分析项目的社会影响与社会风险；二是提出完善项目涉及以及促进项目可持续运营的建议；三是在项目整个生命周期中坚持社会评价，以确保项目设计目标的实现。从社会的角度来讲，任何一个项目都必然涉及不同的利益群体。这些利益群体对项目的要求、面临的问题以及他们与项目之间的相互关系各不相同。因此，世界银行要求项目方通过参与式工具使项目涉及的各利益相关者，特别是利益相关者中经常会被忽略的群体，如贫困群体、妇女、少数民族等参与项目设计以及决策过程。

所谓社会评价，是以分析社会问题和构建利益相关者参与的一种评价方法。作为一种分析工具，社会评价提供了将社会问题分析和利益相关者参与结合到项目设计中的研究框架，社会项目评价的一个重要方面。社会评价之重点是研究项目的社会可持续性和项目与所在地的互适性，强调项目与社会相协调。毋庸讳言，社会评价的关键是弄清楚项目与人之间的关系，体现了"以人为中心的可持续发展"，是经济评价与环境评价无法取代的。在社会评价中，社会学与人类学扮演着十分重要的角色，两个学科为系统实地调查、收集和项目相关的各种社会因素和社会数据、分析和研究项目可能涉及的社会风险及影响、寻找管理社会风险和减少项目负面社会影响的道路等提供基本的理论与方法。因此，项目的社会评价离不开社会学家与人类学家的参与。

我们在此所说的"社会评价"包括两个层面：一是项目的社会风险与影响评价和评估，二是针对特定群体或特定问题所设计的发展计划及其实施管理。就世界银行项目的社会评价而言，其基础是世界银行的社会安全保障政策及其具体条款。根据安全保障政策及其具体条款的要求,"社会影响评价"必不可少,再根据涉及的人群和问题决定是否需要做与少数民族、移民、女性、贫困群体等相关的发展行动计划。

  本书的第1章到第3章系统介绍世界银行项目、世界银行社会安全保障政策和项目周期中对社会评价的要求,第4章系统介绍并分析项目的社会影响评价,第5章到第9章详细分析并呈现与移民、少数民族、贫困群体、女性相关的发展/行动计划,第10章对利益相关者参与和信息公开进行说明。我们的目的是对世界银行项目的社会评价做一个比较全面和系统的梳理,解析每一种社会评价的目标、规范和标准,最终让与世界银行贷款项目相关的社会评价变得易于理解并具有可操作性。

第 2 章　世界银行社会安全保障管理政策

> 世界银行集团的使命是消除极端贫困和减少世界上的不平等，而这一新框架（《环境与社会框架》）将是帮助我们实现这些目标的一个关键因素。新的保障政策将在我们的项目中进一步加强和改善对世界各国最脆弱人群和环境的保护。我们还将大幅增加保障政策的经费，以确保这些政策按照我们的设想发挥作用，提供在各国实施政策和开展能力建设的充分的经费保障，使各国能够在保护人民和环境方面发挥更积极的作用。
>
> ——世界银行集团行长金墉

2.1　世界银行安全保障管理政策

世界银行的宗旨是扶贫减贫，围绕 2030 年消除绝对贫困和促进共享繁荣目标，一方面应发展中国家的要求，世界银行在落后地区投资基础设施建设和文教卫生事业，帮助当地发展经济并使贫困人口增加分享的机会和能力。同时，世界银行要求所有投资项目在执行过程中必须充分保护当地易受伤害的绝对贫困人口和弱势群体，保护生态和环境免受伤害。对此，世界银行在过去的 20 多年中特别制定和发展了安全保障条例，作为项目的执行政策，以帮助尽早识别和尽量避免项目对当地社会和环境可能产生的负面影响，在不可避免时要将这种影响降到最低程度。贷款方和项目业主必须同意和执行世界银行规定的安全保障政策，才能参与和从事世界银行的贷款项目业务。

自 20 世纪 80 年代以来，基于以往世界银行投资的发展项目在世界各地的经验教训，世界银行开始陆续建立和发展安全保障政策。在世界银行贷款项目实施的范围内，这些政策对保护环境和弱势人群发挥了很大的作用，并使得投资项目能更好地为贷款人和当地社会服务。贷款国和项目执行机构也越来越多地认同这些安全保障政策，并同世界银行一起在政策的执行和落实的过程中不断地提高这方面的管理能力和合作共识。与此同时，整个世界也在不断地发展，新的多样性的变化和挑战不断出现，贷款国所面临的问题也千变万化，甚至与以往大不相同。世界银行则必须与时俱进，适应新的需要，加强自身的服务水平，强化所有执行政策并提高它们的适应性。世界银行于1994年制定信息公开政策（2001年修订），1999年形成安全保障政策。

2016年8月4日，世界银行执行董事会批准新的《环境与社会框架》，加强了对世界银行贷款项目中对人民与环境的保护。保障政策的审议经历了世界银行有史以来范围最广泛的磋商，包括近4年的分析研究和各国政府、发展专家和民间社会团体的介入，涉及63个国家的利益相关者近8 000人。该政策框架是世界银行集团为提升发展成效和精简业务程序所做的意义深远的努力的组成部分。

2.2 世界银行安全保障管理政策的发展过程

世界银行安全保障政策的发展过程呈现出四个典型特征。第一是"从无到有"，20世纪80年代末期开始的相关业务导则，比如OD4.01；第二是"逐步完善"，即从业务导则（OD）到业务政策（OP）；第三是"单一到整合"，即从针对不同问题的单一导则/政策到10个政策的整体考虑、筛选和分析（ISDS）；最后是"阶段参与到全过程介入"，即从重点在项目准备期的相关文件准备到项目准备早期的问题筛选，再到项目竣工的后评价。世界银行安全保障政策分为五类，包括了不同的安保条款，见图2-1。

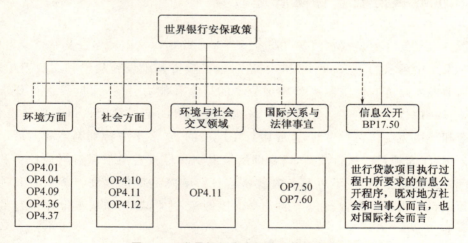

图2-1 世界银行安全保障政策的类型

最近一些年，世界银行开始新的改革，以求自身运作的高效性和现代化，这样的改革必然也要求其安全保障政策有所跟进。从2012年起，世界银行开始对它现行的安全保障政策进行审核、修订并加强它们与时俱进的功能。它提出了一个《环境与社会框架》的总体方案，参与咨询讨论的包括世界银行的所有利益相关者，180个成员国和发达国家及发展中国家的公民社会组织等。世界银行安全保障政策审核的目的包括如下要点：

（1）通过制定适应当前发展的标准，进一步提高对穷人和环境的保护。

（2）通过引入一项非歧视原则，为利用发展成果提供包容性共享通道。

（3）通过与贷款国更紧密的合作和利用其自身的安全保障政策框架，加强与贷款国的伙伴关系。

（4）通过一个与时俱进的安全保障政策框架，加强世界银行的领导能力。

2016年8月4日批准的《环境与社会框架》引入了对劳工和工作条件的全面保护、非歧视性总体原则、针对道路安全、应急响应和减灾的社区健康与安全措施，以及在整个项目周期利益相关方参与的责任。新框架将促进更好且持久的发展效益，提供更广泛的覆盖面和可及性，将惠及更多人民大众，尤其是弱势群体，并将加强与其他多边开发银行、发展伙伴和双边援助机构的合作伙伴关系。新框架的实施重点将放在支持和加强借款国能力；对世界银行员工和借款人开展新框架的实施培训；加强世界银行的环境与社会风险管理系统；加强与各发展伙伴的战略伙伴关系。

新框架使世界银行的环境与社会保障政策与其他开发机构的保障政策更加和谐一致，并在透明度、非歧视性、社会包容、公众参与和问责、申诉机制等方面迈出了重要步伐。为了支持新框架并满足增加的监督要求，世界银行计划大幅增加保障政策经费。世界银行及其大部分股东国都认为加强借款国的国家制度是一个核心发展目标。遵循这一目标，新框架进一步强调采用借款国的政策框架及能力建设，并以可持续的借款国制度建设和效率提升作为目标。

世界银行目前的保障政策预计将与新的保障政策框架平行使用7年左右，用于新框架启动之前批准的项目。世界银行已进入一个紧张的准备与培训阶段（12～18个月），为过渡到新框架做好准备。新框架预计于2018年初生效。

2.3 世界银行安全保障政策条款

世界银行的安全保障政策主要包括11项条款，具体内容如下所列：

（1）OP4.01 Environmental Assessment 环境评价

（2）OP4.04 Natural Habitats 自然栖息地

（3）OP4.09 Pest Management 病虫害管理

（4）OP4.10 Indigenous Peoples 土著民族[①]

[①] 世界银行使用的"Indigenous Peoples"在一般意义上泛指独特的、弱势的社会文化群体。世界银行所称的"Indigenous Peoples"在不同的地域，其生活环境千差万别并不断变化，不同的国家可能称其为"土著少数族群""土著居民""山地部落""少数民族""政府确认的部落"或"部落族群"。"Indigenous Peoples"在中文中通常译作"土著民族""土著居民""土著人群""少数民族"。在本丛书中，"土著民族""土著居民""土著人群""少数民族"在对应"Indigenous Peoples"时，意义是相同的，因此行文中不固定使用某一种称谓。

(5) OP4.11 Physical Cultural Resources 物质文化资源

(6) OP4.12 Involuntary Resettlement 非自愿移民

(7) OP4.36 Forestry 林业

(8) OP4.37 Safety of Dams 大坝安全

(9) OP7.50 Projects on International Waterways 国际水道

(10) OP7.60 Projects in Disputed Areas 有争议地区

(11) BP17.50 Public Disclosure 信息公开

新的《环境与社会框架》包括10项内容，具体如下：

(1) ESS1 Assessment and Management of Environmental and Social Risks and Impacts 环境和社会风险与影响的评估和管理

(2) ESS2 Labor and Working Conditions 劳工和工作环境

(3) ESS3 Resource Efficiency and Pollution Prevention and Management 资源效益及污染防治与管理

(4) ESS4 Community Health and Safety 社区健康与安全

(5) ESS5 Land Acquisition, Restrictions on Land Use and Involuntary Resettlement 征地及对土地使用和非自愿移民的限制

(6) ESS6 Biodiversity Conservation and Sustainable Management of Living Natural Resources 生物多样性保护和自然资源的可持续管理

(7) ESS7 Indigenous Peoples 土著民族

(8) ESS8 Cultural Heritage 文化遗产

(9) ESS9 Financial Intermediaries 金融中间机构

(10) ESS10 Stakeholder Engagement and Information Disclosure 利益相关者的参与和信息公开

ESS1 运用到所有世界银行投资项目中，其重要性包括：①贷款方运用环境与社会框架处理项目存在的风险及影响；②一个整体的环境与社会评估去识别项目的风险与影响；③通过项目相关信息的公开、咨询和有效反馈的方式保障受影响社区的参与；④贷款方需要一套环境社会风险与影响的管理贯穿项目生命周期。世界银行要求所有项目的环境与社会风险和影响要作为按照 ESS1 要求做的环境与社会评估的一部分。ESS2～ESS10 界定了贷款方在识别和确认环境与社会风险及影响后所应承担的责任，而这些环境与社会影响需要引起特别的关注。这些标准建构了目标和要求——避免、最小化、减少或减缓风险与影响，余留下的重要影响需要补偿或采取措施来抵消。

2.4 世界银行的社会安全保障政策

> 对世界银行发展干预和追求的可持续发展目标而言,社会发展和社会融入至关重要。对于世界银行来说,融入意味着赋权,即让所有人参与到发展进程之中并获益。与赋权相关的政策通过提高所有人(包括弱势群体和穷人)的参与来提升公平性和非歧视,确保服务于和支持人们的教育、健康、社会保护、基础设施、可承担的能源、就业、金融服务和生产资料等方面的改进。也需要采取行动去除将女性、儿童、残疾人、青年和少数民族排斥在外之发展过程中的障碍,确保所有人的声音都可被倾听。
>
> ——《环境与社会框架》

《环境与社会框架》中的这段话意味深长,指出了社会安全保障政策的重要性和目标。在这一部分,我们将详细阐述世界银行主要的社会安全保障政策,包括非自愿移民、土著民族、文化遗产、劳动与工作条件、公众参与与信息公开。另外,我们将对《环境与社会框架》前后相关条款进行对比,并予以说明。每项政策涉及的社会影响评价及行动计划在后面的章节中将分别阐述,在此仅对社会安全保障政策本身、政策的目标做简明扼要的介绍。

2.4.1 少数民族政策

世界银行的安全保障政策 ESS7 是关于维护"土著民族"权益的政策。这条政策旨在确保发展过程充分尊重"土著民族"的尊严、人权、经济和文化,从而促进世界银行扶贫和可持续发展的使命。作为其特性与社会的主流群体存在明显差别的社会群体,"土著民族"经常属于当地人口中最边缘化和最弱势的群体。他们的经济、社会和法律地位往往限制了他们保护自己生产性资源权益的能力,也限制了他们参加发展项目并从中受益的能力。而他们对土地和赖以生存的自然资源的特殊依附关系,又最能将他们置于开发项目所带来的不同类型的风险和影响之下,或使其丧失传统生计、民族特性和文化以及面临病害侵袭等等。与少数民族有关的问题通常通过环境评价或社会影响评价予以确定,并在环境减缓行动项下采取适当的措施。投资计划或项目对少数民族有影响时,借款国应根据世界银行政策要求制订少数民族发展计划。任何对少数民族有影响的项目都应在项目的内容和条款中包含这一计划。

有鉴于此,ESS7"土著民族"政策规定,所有申请世界银行资金支持的涉及"土著民族"的项目贷款方都要在当地采取不受约束的、事前的和知情的协商程序,而且只有通过这种协商而得到"土著民族"当地社区广泛同意和支持的项目才能得到世界银行的贷款。政策还规定,世界银行项目要确保"土著民族"有平等的机会参与项目并从中得到与其文化相适应的、又具有性别和代际包容性的社会和经济利益。同时,世界银行贷款项目还要避免给"土著民族"社区带来的潜在的负面影响,如不可避免则应尽量减少、缓解或补偿这样的影响。世界银行对待少数民族的中心目标是要保证少数民族在发展进程中,特别是在实施世界银行资助的项目过程中,不致受到负面影响,反之,能享受到符合其文化特性的社会和经济利益。世界银行通过以下方法关注少数民族的问题:(1)国别经济调研;(2)技术援助;(3)投资项目内容和条款。

世界银行使用"土著民族"这个词有着广泛的意义。由于"土著民族"的生活环境千差万别并不断变化,世界各国对他们也没有统一的称呼。不同的国家可能称其为"土著少数族群""土著居民""山地部落""少数民族""政府确认的部落"或"部落族群"。世界银行使用"土著民族"这个词,并非要固定某种称呼,而是在一般意义上泛指独特的、弱势的社会文化群体。这些群体在不同程度上具有以下特征:

(1) 自识或被他人识别为不同的文化群体。
(2) 集体依附于祖先的土地/资源或特殊的地理地域。
(3) 运用传统的社会、经济和政治制度。
(4) 使用往往不同于官方的语言。

新的《环境与社会框架》对"土著民族"的界定沿用了上述四个特征,没有明显变化。同时,更加清楚地界定了少数民族发展政策的总体目标:

(1) 确保少数民族在发展过程中的人权、尊严、意愿、认同、文化和生计所需之自然资源基础得到充分关注。
(2) 避免项目对少数民族造成不利影响。无法避免时,要最小化或减缓影响,并且/或是要根据这些影响给予补偿。
(3) 以易于获取的、文化上恰当且可接受的方式提高少数民族可持续发展的机会和收益。
(4) 通过建立和维系与少数民族持续的、基于咨询的良性关系改善项目设计和提升地方支持。
(5) 从受影响少数民族中获得自由、事先和充分的同意(FPIC)。

2.4.2 征地、土地利用限制与非自愿移民政策

《环境与社会框架》中 ESS5 明确,与项目相关的征地和土地利用限制可能对社区和人群产生不利影响。项目相关征地与土地利用限制可能导致居住空间的迁移(搬迁、丧失居住地或住所)和经济上的损失(丧失土地、财产或资产,导致收入来源或生计方式的丧失),或是两者都存在。当受影响社区或居民没有权力拒绝土地征用或土

地利用限制，就必然产生非自愿移民，而这类移民之安置就是必须考虑的问题。

世界银行过去的经验表明发展项目中的非自愿移民，不仅没有缓解，反而常常加大了严重的经济、社会和环境风险，如：生产体系解体；人们失去生产资料或收入来源，面临贫困的威胁；人们搬迁到其生产技术可能不太适用而且资源的竞争加剧的环境中；社区团体和社会网络力量削弱；亲族被疏散；文化特性、传统权威及互助的可能性减小或丧失。因此，非自愿移民政策包括说明和减少产生以上贫困风险的保障措施。如果不精心计划并采取相应措施，非自愿移民可能会造成长期的严重困难、贫穷和对环境的破坏。

这项政策的目的在于在可行的范围内避免非自愿移民（包括征地拆迁和对经济行为的影响），或最大限度地减少和缓冲它在社会和经济方面的负面影响。这项政策推动受影响人群参与移民项目的规划和实施。它的关键经济目标是帮助受影响人群共同努力去恢复和改善他们拆迁之后的经济收入和生活水平。这项政策阐明以补偿及其他移民措施来赢得所确立的目标，并要求贷款方要在世界银行批准其建议的项目之前准备好充分的移民安置规划和执行文件。世界银行非自愿移民政策的整体目标如下：

（1）探讨一切可行的项目设计方案，以尽可能避免或减少非自愿移民。

（2）避免强制驱逐。

（3）通过以下方式减缓征地或土地利用限制造成的不可避免的迁移之不利影响：①及时补偿财产损失；②帮助受影响人群维持甚至提高其生活水平，至少使其真正恢复到搬迁前或项目开始前的较高水平。

（4）提供充足的住房、易获得的服务和各种条件等等，以改善贫穷和边缘化移民的生活条件。

（5）将移民安置行动构建为可持续的发展项目，并付诸实践，提供足够多的投资资源让移民直接从项目中获益，这是世界银行项目要求必须达到的。

（6）确保安置行动是有计划的，并且有适当的信息披露、有意义的咨询和受影响者的参与予以配合和支持。

为实现本政策规定的目标，要根据项目类型编制不同的移民安置文件。除非另有规定，否则所有会引发非自愿移民的项目都需要编制移民安置规划或简要移民安置规划。贷款方负责对移民安置文件中规定的活动进行充分的监测和评价。世界银行定期督导移民活动的实施，以确定其是否和移民安置文件内容相符。在项目结束时，贷款方进行评价以确定移民安置文件中的目标是否实现。评价应考虑基底调查时的情况以及对移民实施的监测结果。如果评价表明移民目标可能尚未达到，贷款方应提出世界银行认可的后续措施，以便世界银行继续其督导工作。

世界银行可为主体投资项目中需要移民搬迁的项目内容提供资助，也可为独立的移民项目提供资助,条件是该项目与另一引起移民的投资项目同时进行,并且在项目的法律文件中存在交叉的内容界定。世界银行即使并没有为涉及移民的投资主体项目筹资,也可以为移民活动提供资金。最后应该提到的是,世界银行不支付现金补偿和其他以现金支付的移民援助或土地的费用(包括购买土地的补偿金)。但是,世界银行可以为和移民活动相关的土地改良提供资金。

2.4.3　文化遗产政策

在《环境与社会框架》出台之前,世界银行有"物质文化资源"政策。"物质文化资源"[①]的概念是指古代人类活动的遗址遗物,包括可以移动的和不可以移动的物体、地址、建筑或建筑群以及自然地物和地貌(如峡谷、瀑布及化石等独特的自然环境遗存)。它们在考古学、古生物学、历史学、建筑学、宗教学、美学或其他文化解释上意义重大。物质文化遗产可能坐落在城市,也可能坐落在农村;既可能在地上,也可能在地下或水下。它们的文化意义和旨趣可能表现在地方层面上,或是在省和国家层面上,也可能涉及国际社会。但在许多国家此种文化遗产遭到了不必要的损害,且再不可复得。

世界银行 OP/BP4.11 物质文化资源政策的目的是避免或缓解,世界银行资助的发展项目对文化资源产生负面影响。这种由项目活动对物质文化资源所产生的影响,包括所采纳的缓冲措施,不能和贷款国的国家立法或其在有关的国际环境条约和协议下承担的义务相抵触。文化资源是有价值的历史和科学信息的来源,是经济和社会发展的有利资产,也是一个民族自我认知和文化身份的不可缺少的一部分。这种资源一旦失去便不可复得,因此整个人类应努力避免它们的丢失。在物质文化资源方面,世界银行坚持如下一些基本原则。

(1) 世界银行不资助对文化遗产有重大损害的项目;

(2) 在世界银行资助的项目中如不期遇到文化遗产问题,世界银行将帮助保护文化遗产,而不会视而不见、坐视不管;

(3) 此政策适用于所有世界银行资助的项目,不论项目中直接影响文化遗产的那部分是否是由其资助;

(4) 对文物和文化遗产有影响风险的项目,项目单位将在其环境评价中做文物调查评估和文化遗产管理计划,并采用公众参与的形式制定避免或缓解负面影响的方法和措施。世界银行项目组也要咨询政府有关部门和专家并做现场调查,确定项目对文化遗产做了充分的保护工作。项目要将适当的文化遗产的信息和保护计划与环

---

① Physical cultural resources, also known as 'cultural heritage', 'cultural patrimony', 'cultural assets' or 'cultural property'. 即:物质文化资源,又称文化遗产,在英文中有众多写法,意思同一。

评报告一起对外公示。

在文化资源方面，《环境与社会框架》有了明显扩展，并以"文化遗产"的概念出现。ESS8 认为文化遗产提供了有形的与无形的，过去、现在与将来之间的连续性。人们视文化遗产为其长期持久演进而来的价值观、信仰、知识和传统的反映与表达。文化遗产在很多层面上是富有价值的科学与历史信息的资源，是发展的社会与经济资本，是人们文化认同与实践的有机组成部分。ESS8 设计出一套措施旨在整个项目周期中保护文化遗产。这些举措旨在实现以下目标：

(1) 保护文化遗产免遭项目活动的不利影响并支持其保护。
(2) 将文化遗产作为可持续发展的有机组成部分。
(3) 推进与利益相关者就文化遗产展开富有意义的咨询。
(4) 推进文化遗产开发利益的公平分享。

根据《环境与社会框架》的要求，ESS8 将被用于那些对文化遗产可能产生影响或带来风险的项目之中，可能包括：①涉及地表挖掘、破坏和移动，洪水或其他物质环境变迁的项目；②位于法定保护区域或法定缓冲区域的项目；③在被视为文化遗产所在地或与之相邻的项目；④专门设计用于支持文化遗产保护、管理和利用的项目。

2.4.4 劳动与工作条件

在《环境与社会框架》中新增了一项政策 ESS2"劳动与工作条件"。ESS2 认识到提供就业机会与创收在追求贫困减缓和共享繁荣方面的重要性，贷款方可以通过在项目中平等对待工人和提供安全健康的工作环境改进劳资关系并提高工人从项目中获益的程度。

提供就业的条款和条件主要有三条：第一，项目工作人员将被以清晰和可理解的方式提供与就业条款和条件相关的信息和参考资料。这些信息和参考资料将列举国内劳动就业法中规定的权利，包括与其工作时间、工资、加班、补偿和福利相关的权利以及 ESS 中的相关要求，并应在工作关系开始时和有任何变化发生时提供。第二，项目工作人员将按照国家法律和劳动管理程序定期支付报酬。工资扣除（比如扣税）只有在国家法律和劳动管理程序允许的情况下才可以进行，而且项目工作人员将被告知在什么情况下做了扣除。按照国家法律和劳动管理程序的规定，每周必须为项目工作人员提供足够的休息时间，年假和病假、产假和家庭休假；第三，按照国家法律和劳动管理程序的规定，项目工作人员应收到工作关系终止的正式纸质通告以及支付详情（按时间）。在工作关系正式终止前，所有应得工资、社会保障福利、退休金和其他应该享受的都必须到位，而且项目工作人员应得到相关支付凭证。

所谓"项目工作人员"指四类人，分别是受贷款方（包括项目负责方与项目实施方）直接雇佣的工作人员、通过第三方雇佣而在项目核心部分承担职责的工人、贷款方主要供应方的雇佣工人和被雇佣提供社区劳动的工人。

劳动与工作条件要实现的目标是：

(1) 提高工作中的安全性和健康状态。

(2) 促进项目工作人员得到公平对待、无歧视和平等机会。

(3) 以合适的方式保护项目工作人员，包括脆弱性工作人员——女性、残疾人、孩童（达到了ESS要求的工作年龄）、移民工作者和贷款方直接雇佣工人之外的其他三类工人。

(4) 阻止使用童工和强制劳动。

(5) 坚持支持项目工人成立组织和集体讨价的原则，但必须与所在国法律相吻合。

(6) 为项目工作人员提供渠道表达对工作场所的关注。

项目工作人员的聘请坚持"机会平等，公平对待"的原则，在雇佣关系中所有方面都不得有任何歧视，包括招聘与录用、报酬（包括工资与福利）、工作条件和雇佣条款、培训机会、工作分配、晋升、工作或退休条款、纪律执行等等。劳动管理程序将采取措施组织和处置骚扰、恐吓和剥削等现象。贷款方需要采取适宜的措施去保护和帮助项目工作人员的脆弱性，包括工人中的特殊群体——女性、残疾人、移民和孩子（达到了ESS要求的工作年龄）。这些措施可能只是在特定周期内需要，这取决于项目工作人员的工作环境和脆弱性的性质。

世界银行对社会性别的关注

社会性别（Gender）指的是与女性和男性分别相关的社会、行为、文化的特点、预期和规范。社会性别平等指的是这些因素如何决定男性与女性之间的关系以及由此造成的权力差异。[1] 对发展中国家的女性来说，在过去几十年里她们的生活状况有了很大好转，这在人均寿命、女童教育、女性市场就业等诸多层面都有所体现，这是市场和制度运作及其演变、经济增长等多种因素综合作用的结果。然而，除了上述几个方面，性别平等的其他方面进展十分缓慢甚至没有取得什么进步，包括女童和女童的高死亡率、经济活动中的性别隔离和收入差距、在社会和家庭决策中话语权较小和性别不平等的代际传递等等。研究认为，对两性区别对待、市场失灵、制度制约和长期存在的社会规范共同作用，强化了性别不平等，并使改善性别平等成为一项十分困难的工作。[2]

---

[1] 世界银行.2012年世界发展报告·性别平等与发展.北京：清华大学出版社，2012：4.
[2] 世界银行.2012年世界发展报告·性别平等与发展.北京：清华大学出版社，2012：24.

2010年举行的"千年发展目标"(MDG)首脑会议通过了一项决议,呼吁采取行动,通过社会性别在发展政策制定过程中的主流化以确保教育、健康、经济机会和决策方面的性别平等。这反映出国际发展领域认为性别平等和女性赋权本身就是发展目标,同时也是实现其他发展目标、减少收入贫困和非收入的重要渠道。在世界银行《环境与社会框架》的"业务导则"中,"性别与发展问题"的重要性日渐凸显,要求从项目立项阶段考虑性别因素,识别项目是否会导致女性社会地位的下降,从社会性别的视角分析拟建项目的内容和执行机制,以确保项目中女性的参与,如果需要的话,还应编制专门的《社会性别发展计划》,并对计划的实施进行管理、监测和评估。

在世界银行看来,女性的经济状况和发展侧重往往错误地被认为与其他贫困群体相同。但事实上,女性本身的需求和面临的障碍是不同的,在发展和减贫项目中她们很难与男性平等受益。性别不平等与基于其他原因——如种族或民族——的不平等既有相似性又有差异性,其中三个方面的差异对分析性别不平等是非常重要的:首先,对生活在同一个家庭的女性和男性的福利状况很难分别进行衡量,由于家庭状况的数据极为缺乏,这个问题就更加复杂;第二,由于生物性因素和"习得"社会行为的影响,男性和女性的偏好、需求及面临的制约可能有系统性差异;第三,性别差异存在于各种收入水平和阶层。虽然人们对性别平等应当定义为机会平等还是结果平等不能达成一致,但他们都同意那些严重的性别不平等现象应当消除。

20世纪90年代中期以前,世界银行对性别问题的关注很少,有人称之为"默然",而且很大程度上取决于单个管理者的兴趣和知识。1995年以来,社会性别平等主流化得到了国际组织的广泛支持和通过。在詹姆斯·沃尔芬森的领导下,世界银行开始接受非政府组织和民间社会的参与,提供了提条追求女权和性别利益的途径。世界银行认为,转向社会平等主流化的战略意义在于"性别问题在决定经济增长、减少贫困和发展效果方面发挥重要作用"(2002年)。因此,减少性别差距和实现更好的经济增长之间存在协同关系,这是世界银行在贷款方案、部门项目和政策制定中重视社会性别平等问题的主要原因。

世界银行在2002年出版了《世界银行社会性别平等主流化战略》,正式将促进良性平等行动纳入了世界银行发展援助工作的主流战略框架之中。同年,世界银行发布了《业务政策》,规定各项目的各方面都需要包括一个"性别层面"。该政策转变将世界银行对性别因素的考虑延伸到外国直接投资和基础设施项目,而不仅局限在教育、卫生等解决社会性别问题传统切入点领域的社会方案。世界银行业务评议局在对20世纪90年代男女平等政策的回顾中评论道,这种狭隘做法使世界银行认识不到经济活动中的性别差距,从而无法明确指定男女平等政策与减少贫困联系起来的概念框架。这些措施表明,世界银行需要采取全面措施,在援助中提高性别平等意识。[①] 2007年,世界银行发起了旨在提高女性经济机会的"性别行动计划",加大了在女性获得工作、土地权、财政服务和农业生产等当面的投入力度。世界银行专家指出,"在切实可行的情况下,将性别问题纳入工作重点,不仅有助于减少性别不平等,而且还有助于增强总体发展效益,这正是世界银行性别行动计划的核心"。2012年,世界银行出版了《2012年世界发展报告·性别平等与发展》,进一步明确了在公共行动中促进性别平等的政策,包括缩小健康和教育性别差异、增加经济机会、提高女性能动性、避免性别不平等在青少年中代际传递等等。

2.4.5 公众参与与信息公开

《环境与社会框架》认识到,贷款方与项目利益相关者之间公开、透明的参与是一项好的国际实践之基本构成要素。有效的公众参与可以提高项目的环境与社会可持续性,提高项目的被接受度,并且对项目的成功设计和实施有着非常重要的贡献。公众参与是与项目生命周期相伴始终的包容性过程。只要合理设计和实施,将支持强而有力的、有建设性的和积极互动的关系之发展,这对项目环境与社会风险之成功管理至关重要。公众参与在项目发展过程中的早期阶段启动是最为有效的,是决议、评估、管理和监测项目环境与社会风险和影响的有机组成部分之一。

世界银行贷款项目执行过程中所要求的信息公开程序,既对地方社会和当事人而言,也对国际社会而言。从投资贷款的宏观层面上讲,这些世界银行安全保障政策主要强调贷款国和项目执行机构要对项目计划和行动负责,首先要做及时的环境和社会影响评价,识别潜在的风险,提出应对的措施以避免或减小负面影响。同时,要将环评、社评的情况告知并咨询项目地区社区和受影响人群,使他们知情参与。当然,世界银行安全保障政策的通用原则应与地方情况相结合实施。

公众参与和信息公开与《环境与社会框架》的其他每一条标准都相关,它需要在项目的环境与社会影响分析/评估中明确提出来,而具体的要求则源自每一项政策的要求。比如,可能会涉及劳动与工作条件,也可能与少数民族发展政策相关,还可能与非自愿移民相关,这取决于涉及的具体项目。

---

① 参见苏珊·谢区(Susanne Schech),桑加卡·沃什·德夫(Sanjugta Vas Dev):《社会性别公正:世界银行解决贫困问题的新举措?》,载《实践中的发展》,卷号17,1,2007年2月。

公众参与和信息公开之目标如下：

（1）建立一套利益相关者参与的系统化措施，以帮助贷款方识别利益相关者，并与他们建立和维系建设性的关系。

（2）去评估利益相关者的旨趣，并赢得他们的支持。确保利益参与者的观点被纳入项目设计、环境与社会框架之中。

（3）在项目整个生命周期中，为受项目影响者就项目对自身的潜在影响等议题提供有效和包容性的参与途径。

（4）确保以及时的、可理解的、可获得的、适当的形式向利益相关者公开项目信息、项目的环境与社会风险和影响。

（5）为受项目影响着提供可获得的和包容性的路径以提出问题和申述，并让贷款方对这些申述进行回应和管理。

作为发展组织，世界银行希望倡导对发展问题进行讨论以加深对发展的理解，促进其与伙伴（国家和其他机构）之间的协调，以及帮助为创造和培育支持旨在推动发展中国家经济和社会进步的活动。为了达到这一目的，世界银行将其拥有的业务经验和研究成果向发展和学术团体公开，并将其经验教训提供给决策者、开发实践者以及其他感兴趣的各方人士。除此之外，世界银行还向那些受其资助的活动或受项目影响的当地团体（其中包括非政府组织）及时发布信息。这种信息的发布对项目的有效实施和持续发展是至关重要的。经验证明：与投资人、合作伙伴以及对有关开发问题有研究的团体或个人进行协商并分享信息有助于提高世界银行的业务质量。

作为一家由成员国共同拥有的机构，世界银行对其管理的公共资金负有责任，同时它还有义务对股东的询问和关注做出回应。作为借款人，世界银行规定，除了要求公布的信息之外，披露有关其金融状况和政策方面的信息有助于吸引投资者购买世界银行债券。作为雇主，世界银行致力于确保其员工获得帮助他们来履行职责、参与政策和决策的制定、了解政策制定的依据所需要的信息。

为了使公众及时获取有关世界银行的信息，世界银行建立了 InfoShop，作为那些希望获取世界银行文件人士的联系中心。位于世界银行总部的 InfoShop 通过公共信息中心和因特网向其成员国的公众提供服务。

第3章 项目周期中社会安全保障管理工作

实行项目贷款是世界银行贷款不同于一般商业贷款的特点之一。所谓项目贷款是指一般与特定的某一工程项目相联系,必须用于贷款合同的某特定项目的贷款。由于世界银行对会员国提供的贷款有90%以上都是项目贷款,因而对项目的管理成为世界银行发放贷款过程中的主要工作。可以说,创造并推广投资的项目管理科学方法是世界银行对世界经济发展作出的独一无二的贡献。

3.1 世界银行的项目周期

世界银行对项目贷款的管理贯穿于从项目的选定、准备、评估、谈判到项目的执行和后评估的整个周期中,总共有7个步骤,而项目的前期准备工作则大约需要2~3年的时间(详见图3-1)。

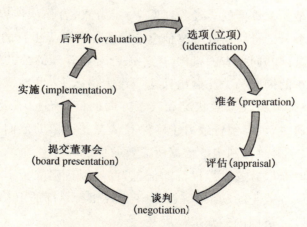

图3-1 世界银行的项目管理周期示意图

除了提交董事会这一环节,其他6个步骤的基本情况是:

(1)项目选定阶段:申请国编制"项目选定报告",经世界银行批准,正式列入世界银行《贷款计划》。

(2)项目准备阶段:核心内容就是对项目进行可行性分析研究,作出《项目可行性研究报告》。

(3)项目评估阶段:对《项目可行性研究报告》的可靠程度作出评价,作出《项目评估报告》。

(4) 项目谈判阶段:正式签订《贷款协议书》。

(5) 项目实施阶段:项目组织管理机构独立组织实施,世界银行按评估报告和贷款协议书的要求进行严密科学的监测检查。

(6) 项目后评价阶段:由世界银行的项目主管人提出"项目完成报告",由银行董事会责成"业务评议局"对项目执行情况及成果进行总结评价。

近年来,世界银行项目管理六阶段周期进行了适当的调整合并,分为三个大的阶段:

(1) 概念文件阶段(PCD—Project Concept Document 阶段):形成投资意向概念,列入世界银行"贷款计划"。此阶段相当于项目选定阶段。

(2) 评估文件阶段(PAD—Project Appraisal Document 阶段):形成评估报告文件,签订"贷款协议书"。此阶段相当于合并了项目准备阶段、项目评估阶段和项目谈判阶段三个阶段的内容。

(3) 执行计划阶段(PIP—Project Implementation Plan 阶段):按照评估文件规定监测执行,在完成后进行总结评价。此阶段相当于合并了监测执行阶段和总结评价阶段两个阶段。

大体来讲,可以将世界银行项目的生命周期分为三个阶段,分别是项目准备阶段、项目实施阶段和项目竣工(结束)阶段。

3.2 项目准备阶段

有别于国内项目,世界银行项目的准备阶段需要相当长的一段时间,通常是 2~3 年。在准备阶段,需要完成选项、准备、评估、谈判和签约五个环节。

3.2.1 项目鉴别

世界银行贷款项目选定阶段的最基本的要求或目的便是:通过初步的调查研究,确定借款国国民经济中需要优先考虑、符合世界银行贷款政策、且世界银行和借款国政府都感兴趣的项目。在此过程中需要考虑如下内容。

(1) 该项目在其所在部门中的地位(即重要性)与优先程度,项目提出的必要性和依据。

(2) 该部门在国民经济中的优先性与重要性。

(3) 项目本身与部门或国民经济发展计划和目标的一致性。

(4) 数据资料所初步显示出的项目可行性,包括资源情况、建设条件、地理位置、协作关系等方面的可行性。

（5）项目建设的初步方案、拟建规模和建设地点的初步设想。
（6）投资估算和筹资设想，包括利用世界银行贷款的可能前景等。
（7）项目的大致进度安排。
（8）经济效益与社会效益的初步估计。

项目鉴别阶段借款人的准备工作

选项工作的第一步是建立项目库，应当注意几个原则：

（1）应当选择规模较大的整体项目，避免在项目中包含过多的子项目，导致项目的中心目标不明确、不突出。

（2）选择在城市规划中的中期规划骨干项目，比较接近世界银行贷款项目的要求。

（3）尽量选择移民拆迁量较少的项目，因为世界银行不主张由于项目的实施而导致大量的移民拆迁，世界银行贷款也不会用于支付移民拆迁的任何费用。

（4）尽量避免或者减少涉及世界银行十大政策的项目，减少在项目中不必要的程序和工作。

项目选定后，接下来应该围绕世界银行在该地区的投资方向，确定项目的背景、必要性、范围、规模、投资额与贷款额等基本情况，将材料报至当地财政局与发改委，得到同意后由财政局与发改委一起上报当地政府，获得政府批准后，应联系设计单位编写项目建议书，再以当地政府的名义由发改委上报省发改委申请立项，到此为止，立项工作就完成了，下一步就是项目审批程序，这将在项目的准备阶段再进行阐述。

应该说明的是，在立项阶段，世界银行将派遣项目鉴别团到当地与相关政府部门、项目办公室以及各设计单位一起了解项目的基本情况，确保项目能符合世界银行方面的要求，因此，项目建议书的中、英文版都必须准备以供世界银行专家阅读。世界银行鉴别团除了监督检查项目准备工作进度及方向以外，还会对项目办公室及各设计单位人员进行短期培训，确保项目准备工作在正确的轨道上进行。

一旦项目确定之后，这些项目就被列入对每个国家多年度的贷款规划，这一规划就成为世界银行在这个国家今后工作的基础。这些国家规划用于银行为编制业务计划和预算所需，是为了保证获得必需的资源，使每个项目能通过其周期的各个连续阶段而向前进行。

3.2.2 项目准备

一旦项目编入贷款规划，它就进入了项目管道。世界银行和借款人之间紧密合作的时期（一般为1~2年）也就开始了。每个项目都要准备一份项目概要说明，说明它的目的，确定主要问题，并为今后的进程制订时间表。

借款人要做的工作：国内程序中，在立项批准以后，下一步的工作就是获得项目审批的通过。项目办公室应敦促各设计单位编写项目的可行性研究报告、环境影响评价报告以及移民安置计划报告。可研和环评报告是国内审批程序的必要文件，而移民安置计划是针对世界银行程序而必须编写的。在通过发改委将可研报告送往省发改委后，由省发改委将确定是否将项目上报国家发改委和财政部，若获得批准，项目将由国家发改委和财政部上报到国务院，经国务院批准，最终确定并被列入国家多年度的贷款规划。至此，项目的国内审批程序就完成了，一定要在项目进行评估前完成国内的审批程序，避免在世界银行评估通过但国内审批通不过而造成返工的情况出现。

项目的可行性研究报告

在世界银行对项目进行评估之前，项目单位首先要完成可行性研究报告，作为世界银行对项目评估的依据。项目的可行性研究是在投资决策前对拟建项目有关的社会、经济和技术等各方面情况进行深入细致的调查研究，对各种可能拟定的技术方案和建设方案进行认真的经济分析与比较论证，对项目建成后的经济效益进行科学的预测和评价。可行性研究报告包括如下几项内容：

1. 详细列出项目各组成部分及投资安排，准备环境、移民和社会行动计划，设计管理系统控制（采购、财务管理、支付）。

2. 确定项目机构。世界银行对项目实施、管理机构是十分重视的。世界银行强调：有能力的项目机构是项目能否成功实施、是项目及政策能否正常运作的保障。

3. 项目的经济效益和财务效益。详细计算出项目在经济、财务上的回报率，计划、落实好配套资金，分析各种因素造成的风险，分析项目对环境和社会造成的影响。

编制可研报告时应注意以下几点：

1. 世界银行特别重视项目在城市整体规划中的作用和地位，明确项目建设的目标和成效，明确达到这些目标和成效的方式和建成后衡量成效的方法。建议在可研报告中定量和定性分析项目的重要性和必要性，体现项目在城市建设中的战略意义。

2. 在项目建议书及可研报告书的编制依据上,应当采用最新的、符合城市可持续发展原则的规划作为编制依据。

3. 一般来说,比选方案不少于三个,要从经济、社会、环境、技术等方面考虑并且将其量化。

另一方面,世界银行在项目准备阶段派遣项目准备团前往当地,了解项目准备工作情况,对可研、环评和移民安置计划报告提出补充修改意见。准备团一般由世界银行驻中国代表处的项目主管或者项目经理以及可研、环评、移民安置、机构、财务与经济等方面的专家组成。各设计单位根据准备团提出的意见完善各报告书,把各报告书终稿送政府审批。

3.2.3 评估

当项目成形,研究接近完成,就准备对项目进行评估。评估也许是项目工作中最为人熟知的阶段。它是项目周期中一个关键阶段,因为它是准备工作的顶点,对项目的各个方面进行全面检查,并为项目执行和项目完成时对之进行评价奠定基础。评估纯粹是世界银行的任务,它由世界银行工作人员来做。有时也借助于个别顾问,他们经常在实地工作3~4周。评估包括项目的四个重要方面——技术、机构、经济和财务方面。世界银行在完成项目评估后,需要写出一份详细的项目报告,得出其调查的结果并提出有关贷款方面的建议。

(1) 项目开发目标。包括主要的实施监测指标等。

(2) 项目所涉及的战略问题。包括项目所属行业的主要问题和政府在该行业的改革与战略目标,以及项目对世界银行国别援助战略中有关该项目部门援助目标的作用等。

(3) 项目描述摘要。包括项目的组成部分、项目涉及的主要政策与机构问题、效益与目标、机构与实施安排等。

(4) 项目合理性论证。包括项目的备选方案论证、项目的融资方案、项目设计中的经验教训等等。

(5) 项目分析摘要。包括经济、财务、技术、机构、社会、环评等。

(6) 项目的可持续性与风险。

(7) 主要贷款条件。

(8) 有关附表和附件。

3.2.4 谈判与提交执董会审批

谈判是世界银行和借款人为保证项目的成功、力求就所采取的必要措施达成协议的阶段。然后,将这些协议变成法律义务,列入贷款文件。谈判以后,把经过修正用以反映达成的协议的评估报告,连同行长的报告和贷款文件,一并提交世界银行执行董事会。如果执行董事会批准这项任务,贷款协定就在简单仪式中签订。这标志着项目周期中一个阶段的结束及另一个阶段的开始。在提交执董会前,项目的安全计划必须公示100天,一般采取将资料上网的形式公示。

谈判以后,世界银行方面会把经过修正用以反映达成协议的评估报告,连同贷款文件,提交世界银行执董会。如果世界银行执董会批准这项任务,贷款协议就在简单仪式中签订。这标志着项目已被批准,可以正式实施。

3.3 项目实施阶段

项目准备的下一个阶段就是建设及其以后的业务活动的实施时期。当然,实施是借款人的责任。世界银行可以根据协议给予诸如组织方式的研究、人员的培训、派遣管理人员和顾问帮助监督建设等方面的援助。世界银行的作用就是在项目的实施中实施监督。监督的主要作用,在于保证项目能达到它们的开发目的,特别是世界银行和借款人一起明确并处理在实施期间所产生的问题。因此,监督主要是为了解决共同的问题。世界银行进行项目监督的主要目的:

(1) 保证借款国能认真地实施项目,以实现项目预期的发展目标,并确保世界银行的贷款资金用于协定所规定的范围及贷款所确定的项目目标。

(2) 及时发现和指出项目实施中出现的问题,并帮助借款人处理和解决这些问题。

(3) 通过监督,积累项目经验,以便把这种经验"反馈"到未来项目的设计以及世界银行、有关部门和国家的发展战略和贷款政策中去。

(4) 在发现项目不能实现开发目标或无法再继续下去时,及时地采取补救行动或取消项目。

(5) 通过监督,搜集资料,为项目完成后《项目完成报告》的编写作准备。

社会安全保障保障方面的内容监督的重要组成部分,比如移民安置行动计划、少数民族发展行动计划、贫困减缓计划、社会性别发展计划等在项目实施过程中的执行和落实情况。监督旨在督促借款人按相关计划落实相关政策、对相关计划的进度定期进行汇报,以及对项目执行中碰到的问题、发生的变化和应对问题与变化的措施向世界银行汇报。针对社会安全保障方面的监督通常以年度为周期,根据需要也可能以半年为周期。在项目执行过程中,世界银行可能要求借款人提供阶段性的监督报告,并在项目竣工时提供完整的监督报告。

3.4 项目竣工阶段

工程全部竣工之后,世界银行将按照严格的程序、采取客观的态度、运用科学的分析方法对项目实施的全过程进行认真的回顾与总结,考察并衡量项目的实施情况和实施成果,对世界银行和借款国双方的执行机构和项目人员在实施中的作用、表现以及项目的实际效果进行客观的评价,对项目中的经验教训进行总结从而为改进以后的工作和新的项目实施提供参考和借鉴等,就成为总结评价阶段的主要目的和任务。

评价制度被证明是情报的宝藏,可以补充那些由项目监督报告的广泛来源提供的资料。成本费用增加和推迟完工的问题使得许多项目的执行大伤脑筋,特别是在石油价格提价以后,随之而来世界范围通货膨胀时期更是如此。许多项目在执行期间改变了规模。然而,包括评价了109个项目的业务评价局(OED)的审查表明,91%以上的投资仍是值得的。它们中间有许多项目预期能收到的经济利益,接近或者高于评估阶段的估计数。特别令人高兴的是,情况表明世界银行对经验教训的态度是积极的。在一个部门内,一个个项目在以前的项目基础上提出。新的方法、政策和程序得到采用以改善项目性能。

3.5 社会安全保障工作的机构

社会安全保障相关的社会影响评价,各种行动计划编制、监测和评估相关的组织机构有:世界银行、项目业主、行动计划实施机构、咨询单位与外部监测评估机构。

3.5.1 世界银行

世界银行的主要任务包括:

制定社会影响评价和各种行动计划编制、监测和评估的政策性文件,认定社会影响评价咨询单位和各种行动计划编制单位、外部监测评估机构的资格,协助项目业主选定咨询单位、编制单位和和监测评估机构,指导、检查和评价社会影响评价、各类行动计划编制、监测和评估工作,督促处理行动计划实施过程中出现的问题,审查项目实施过程中相关政策和方案的调整,并进行项目社会影响和各类行动计划的后评估。

根据社会影响评价、行动计划咨询单位和外部监测评估机构的能力和业绩,向项目业主推荐供候选的单位或机构。协助项目业主通过招标方式,选择社会影响评价的咨询单位、行动计划编制单位和外部监测评估机构。一般情况下,不得特别指定。

对涉及行动计划的贷款项目,世界银行根据其批准的行动计划或修改行动计划,每年至少一次常规性检查活动计划的实施情况。检查结束后,世界银行项目经理向项目业主提供检查备忘录或其他书面意见。世界银行根据其批准的外部监测评估工作大纲,对外部监测评估工作进行检查和评价,提出改进意见。

世界银行项目经理、项目检查团、行动计划专项检查团针对社会影响评价、行动计划工作提出的备忘录,均可视为世界银行的评价意见,但世界银行项目经理的书面意见为世界银行的最终意见。

3.5.2 项目业主

项目业主的主要任务包括：

委托咨询单位开展社会影响评价,根据项目的特点决定行动计划编制(委托咨询单位编制)和实施的组织形式(项目业主组织实施或委托地方政府管理机构实施)。

委托咨询单位开展社会影响评价和编制行动计划的,应该签订权责明晰的咨询合同。委托地方政府管理机构实施的,应在委托协议中明确"必须按照世界银行批准的行动计划实施工作,并接受项目业主、外部监测评估机构和世界银行的监督检查"。

负责按照世界银行的要求,协助咨询单位完成社会影响评价和行动计划的编制。在行动计划得到世界银行批准后,要在其内部配备行动计划的工作人员,组织内部监测工作,并编制内部监测报告。当项目业主自行组织实施发展行动计划时,项目业主需要自行承担行动计划内部监测工作。当项目业主委托地方政府管理机构组织实施行动计划时,项目业主要组织行动计划实施机构开展相关的内部监测工作。

通过招标方式择优选择并委托社会影响评价、行动计划的编制和外部监测评估机构开展相关工作,签订工作合同,明确责任、权利和义务,按照合同支付咨询单位、编制和外部监测评估工作费用,向这些单位或机构提供准确、真实的相关材料,接受世界银行对社会影响、行动计划实施工作的检查和后评估,对各类行动计划工作结束后及时组织验收。咨询单位、编制单位和外部监测评估机构一经选定,若无充分的理由,不得随意更换。

选择咨询单位、编制单位和外部监测评估机构和委托相关工作的主要程序为：在世界银行的协助下,项目业主初选至少两个具有社会影响评价、行动计划编制或监测评估业务资格的候选单位或机构,通过招标的办法选定咨询单位、编制单位和外部监测评估机构,报世界银行项目经理备案;与选定的咨询单位、编制单位和外部监测评估机构签订合同;委托咨询单位、编制单位和外部监测评估机构开展相关工作。

在行动计划实施过程中,可根据实际情况,对行动计划进行适当调整和变更,但事先必须以特别报告或专题报告的形式向世界银行报告,获得世界银行同意后方可实施。

3.5.3 行动计划的实施机构

行动计划实施机构的主要任务包括：按照世界银行批准的行动计划实施相关工作，进行内部监测，向项目业主和外部监测机构提交行动计划实施进度季报，向外部监测评估机构提供翔实的相关材料，对项目业主、外部监测评估机构和世界银行在工作中发现并指出的问题提出改正计划，征得项目业主和世界银行同意后付诸实施。

3.5.4 外部咨询单位与监测评估机构

社会影响评价、行动计划的咨询（编制）单位和外部监测评估机构是独立的、与业主无直接行政隶属关系、与行动计划无直接行政隶属的社会组织（研究机构、涉及机构、咨询机构、大学等非政府机构）。咨询单位与外部监测评估机构必须保证机构和工作的独立性、客观性、公正性，独立地开展社会影响评价、行动计划编制和监测评估工作，包括独立收集资料、独立分析、评估和编制报告等。

从事社会影响评价、行动计划编制和外部监测评估机构，必须用于具备社会学、人类学、经济学等专业背景的学者、专家和工程技术人员（包括女性工作人员），具有丰富的社会影响评价、行动计划编制和监测评估的经验和经历，主要工作人员接受过世界银行社会影响评价、行动计划政策和监测评估业务培训，掌握世界银行相关政策，熟悉相关业务，具有完善的工作质量保证体系。根据需要，在工作组中，应该配备一些专门人才。比如在少数民族发展行动计划编写组中，应该配备具有少数民族工作经验和能说少数民族语言的工作人员。

世界银行对社会影响评价咨询单位的要求

社会影响评价应由具有相应专业知识的人来进行，这些人员应具备以下条件（10条）：

（1）受过培训、有社会影响评价经验，掌握进行社会影响评估的工具和技术。

（2）有丰富的社会科学背景和经验，掌握社会科学的基本概念、方法和分析程序。

（3）具有广泛的知识，最好是由不同专长的人组成跨学科小组。

（4）了解社会，善于测量和解释个人和社区如何适应社会变化，懂得群体间的互动，善于和不同的人群沟通。

（5）熟悉政府机构、企业的决策程序；能预测预计行动方案的潜在影响。

（6）能充分理解和分析不同社区及项目建议机构的立场和观点。

(7) 能很好地权衡政府、企业、群众各方面的利益,"社会影响评价实践者必须跨越两个世界:社区的世界和决策机构或政治精英的世界"。

(8) 对受影响社区的历史、生活方式和价值观等有尽可能多的了解。

(9) 敢于维护弱势群体的利益。"尽管许多政府部门都宣称要帮助'弱势人群',然而,在社会经济下层的个人和家庭获得的项目利益最少"。这种情况在世界各地普遍存在。

(10) 具有较强的信息收集能力、资料分析能力、社会价值判断能力和对决策者的说服能力。

咨询单位的主要任务包括:完成社会影响评价、编制行动计划编制工作大纲,明确咨询单位为社会影响评价和编制工作而承担的工作内容,明确工作方法、工作程序、时间安排、人员安排。根据项目内容,设计调查大纲、访谈提纲等等,进行现场调查,识别项目的影响(正面与负面)和潜在风险,搜集受影响群体的建议;根据需要,编制不同类型的行动计划,呈报项目业主和世界银行;接受世界银行社会影响评价和各类行动计划的业务指导,并根据世界银行的意见及时修正相关行动计划。

外部监测评估机构的主要任务包括:编制行动计划监测评估工作大纲,明确外部监测评估的工作内容、工作方法、工作程序、时间安排、人员安排;按照世界银行批准的行动计划监测评估工作大纲,进行现场调查和监测,发现计划实施过程中存在的问题,并预测潜在的问题,提出改进措施和建议,对计划的实施效果进行评估;编制外部监测评估报告,呈报项目业主和世界银行;接受世界银行各类行动计划的业务指导;根据世界银行的意见及时修正行动计划外部监测评估工作。

咨询单位和外部监测评估机构通过投标的方式获得社会影响评价、行动计划编制和外部监测评估任务,咨询单位要按照与项目业主签订的合同开展工作,外部监测评估机构按照世界银行批准的行动计划和与项目业主签订的合同开展工作。在行动计划实施期间,外部监测机构一般一年开展两次现场调查和监测评估。在行动计划实施结束后,可以一年开展一次现场调查和监测评估,也可以根据行动计划实施工作需要,适当增减调查和监测评估的次数,但需要经过世界银行同意。

第 4 章　社会影响评价

> 世界银行资助项目的每一个阶段都对贷款方在评价、管理和监测社会风险与影响方面的职责做了明确要求,以确保取得与 ESS 标准相符的社会结果。ESS 帮助贷款方管理项目社会风险及影响,借此提高项目的社会效应。贷款方需要按照要求完成项目的社会影响评价,以确保项目在社会层面的健康性与可持续性。社会影响评价提出的社会风险及影响将贯穿到项目设计之中,被用于采取减缓措施及行为,并改进决策。贷款方在项目整个生命周期内都将以系统化的方式管理社会风险及影响,这取决于项目及其潜在风险和影响的性质及规模。
> ——《环境与社会框架》

　　世界银行于 1984 年成立社会发展部门,强化了项目社会影响评价的作用。项目评价已从单一的经济评价,发展到经济、技术、环境和社会等方面的评价。世界银行委员会项目决策考虑次序依次为社会影响评价、生态环境评价、经济与财务评价、管理评价、技术评价。这就体现了一种发展趋势,社会影响评价在世界银行的项目评价体系与决策中扮演越来越重要的角色。项目社会影响评价与经济评价、环境评价一样为世界银行越来越重视,它与可持续发展是密切相关的。社会发展是以各种各样的发展项目为载体的,可持续发展是项目的目标之一。项目为人类社会可持续的生存和发展提供服务,是人类社会实现可持续发展的途径。

　　社会影响评价虽然不是一项单独的安保政策,但它和社会安保政策紧密相连,可说是执行安保政策的前提,即由其来决定社会安保政策的适应性。所以在此单列一节阐述。社会影响评价专指对于一个项目所产生的社会影响做出分析和鉴定,但要做社会影响的分析,必须对社会有所了解,包括社会现状和变化分析,所以它其实可统称社会影响评价。这样,项目社会影响评价是社会安全保障政策应用于项目的基础。通过项目社会影响评价,项目业主/项目实施单位要评估检验所建议的项目的社会效益、社会成本、社会风险等可能产生的影响以及当地社会可能产生的反应,同时确认项目的关键利益相关者,并为他们制定适当的协商和参与机制。

4.1 社会影响评价概述

4.1.1 社会影响评价的发展历程

社会影响评价始于1963年澳洲社会学者与人类学者对受矿产开发影响的土著社区进行的社会调查。1969年美国出台了《国家环境政策法》,要求联邦机构采用系统的和多学科的方法,保证在环境设计及可能产生环境影响的计划决策中兼顾自然科学和社会科学的规制。这通常被视为社会影响分析/社会评估领域最初确立的标志性事件。

1973年,美国阿拉斯加输油管道建设方在这部法律要求下编写了对因纽特(Inuit)文化的影响报告,奠定了社会影响评价在发展项目中的地位。

1976年,邓肯和琼斯(Duncan & Jones)对社会影响分析做了比较明确的界定,即要找出、分析及评估一个特定事件所产生的社会影响,这种影响代表着"市民幸福感的重要变化(改善或降低)或在社区层面上的重要变化"。

1977年,芬斯特巴赫(Finsterbusch)补充并完善了相关定义,认为社会影响评价及相关评估的最主要目的在于确认开发或计划行为所带来的总成本与利益,继而付诸未来决策。其第二目的在于改善政策设计与管理,消除负面影响及增加正面影响。[①] 社会影响评价及其概念的发展过程参见图4-1。

图4-1 社会影响评价及其概念的发展过程

社会影响评价方法在20世纪70年代以后迅速发展,并在国际机构及西方发达国家广泛运用。世界银行社会影响评价的应用是逐步发展的,最初的一套指南(1980—1982年)只限于社会保障问题。

世界银行在1984年首次要求"社会性评估"应该成为世界银行在进行项目可行性

---

① 黄剑,毛媛媛,张凯.西方社会影响评价的发展历程.城市问题,2009(7):85.

研究工作的一部分,在项目评价阶段,与经济、技术和机构评价同步行进。世界银行在1985年出版的《把人放在首位》,介绍了社会影响评价在农业、农村发展项目设计中的应用。

在1997年,社会发展部成为一个独立的部门。1998年世界银行有差不多120多个项目进行了社会影响评价,在46%的世界银行贷款项目中应用了一些形式的社会影响评价。研究表明,如果在项目中应用社会影响评价,项目社会发展方面的质量满意度,将从51%增加到74%;而对于有项目社会影响评价的、在管理中有社会发展专家运作支持的项目,这个比例则增加到了93%。世界银行在使用社会分析作为贷款项目理想方面取得了重要进步,社会影响评价缓解了世界银行贷款项目潜在的负面影响,已经成为贯穿世界银行的主流实践。

在2002年8月,世界银行建立了社会分析规范手册,指出了社会影响评价的五个切入点,即:社会多样性和性别、机构、角色及行为、利益相关者、参与和社会风险。

20世纪80至90年代初,亚洲开发银行、日本国际协力银行、加勒比海发展银行、泛美开发银行等各自组建了社会发展部门,并颁布了社会分析指南。这些国际机构在贷款支持发展项目时,要求申请投资的项目必须做社会影响评价,以保证项目兼顾各个利益相关方的权益,如果项目没有进行社会影响评价就很难获得这些贷款支持。世界银行与亚洲开发银行已经将社会影响评价列为发放贷款的一个必要条件。

4.1.2 社会影响评价的定义

"社会影响评价"原指评估个人或家庭、社区或社会在社会发展中物质或精神上的损益。社会影响评价在西方被看作是现代价值观及渐进式原则的结合,是逻辑理论、经验主义、理性主义、个性主义及民主自治的实际应用办法。在本质上,社会影响评价注重社会弱势群体的福利,避免弱势群体比其他群体更多地承受城市发展而产生的社会负面影响。[①]

在发展项目中,社会影响评价是一套预先对预计项目或政策的社会影响作出评估的知识体系,是有效的决策和管理发展项目的工具。社会影响分析坚持在采取重大行动(重大工程、活动、政策出台)之前,除了应该对其技术经济可行性、环境影响进行评估外,还应该对其可能产生的社会影响进行评估。直白地说,就是行动将会影响到哪些人,对他们有什么影响,他们会做出什么反应,怎样预先制定对策把不良反应降低到最小。不同机构或学者对社会影响评价的定义有差异,但大体是一致的。

国际影响评价协会:社会影响评价(Social Impact Assessment,SIA)包括分析、监测和管理由预计干预措施(政策、项目、计划、工程)所引发的,任何社会变化过程的社

---

① 黄剑,毛媛媛,张凯.西方社会影响评价的发展历程.城市问题,2009(7):84.

会影响,包括预期的和预期之外的正面和负面的社会影响。其基本目标是促进一个可持续的和公平的自然和人类环境。

亚洲发展银行:社会影响分析在于减少规划、项目及政策等对城市贫困人口的影响,通过社会影响评价提高该社会人群的生活质量(2007年)。社会影响评价就是要在项目的方案设计和实施中考虑这些相关群体的期望,也就是采取一系列的方法和手段保证各相关群体在项目中的参与。所以,一个好的社会影响评价,就是保证各相关群体参与到项目中,保证项目目标的实现并提升项目的效益的一个过程。

世界银行:社会影响评价(社会分析)是用于分析银行投资下的项目规划、设计及实施过程并鼓励社会参与的目的和手段,以保证弱势群体及贫困人群的社会利益以及降低对他们的负面影响(2003年)。通过社会影响评价,投资机构和项目业主能够识别潜在的社会风险并有效规避,保障项目的顺利实施、提升项目效益。同时通过社会影响评价倾听各利益群体的声音和期望、通过一套完整的参与机制让他们参与到项目的设计和实施中来,增强项目对当地的适应性,促使项目能够被当地的社会环境、人文条件所接纳,获得当地政府、居民对项目的支持。

4.1.3 社会影响评价的目的与意义

世界银行开展项目社会影响评价,为了实现社会经济的可持续发展保证项目与所处社会环境相协调,提高投资的社会经济效益促进自然资源合理利用与生态环境的保护,以促成一个在生态、社会文化和环境上可持续和公平的环境。因此,影响评价促进社区发展和赋权、能力建设并增加社会资本(社会网络和信任)。

从宏观的角度讲,社会影响评价的总体目标,是使发展项目能够对减贫扶贫有所贡献。同时提高社会包容性,开发人力资源,发展社会资本,建立地方参与和对发展的拥有感。当然,要达到这样的目标,社会影响评价还要确保消除或至少减少项目的负面影响。针对每一个具体的项目,根据它们自身的特点,社评的目的则是帮助项目的发展立足于地方需求,确保项目设立正确的社会发展目标,并以合适的方法达到这些符合地方需求的社会发展目标。

那么所说的社会发展目标是什么呢?首先,社会发展从总体来说是要发展赋权于民的制度体系。从这点出发,有4个方面的运行原则指导社会发展的实践:

(1) 包容性的体制(Inclusive Institutions):提倡社会上的平等的机会,使每一个人都能对社会经济进步作贡献并能分享进步的收益;

(2) 有凝聚力的社会(Cohesive Societies):提倡世上男女克服限制和偏见,承认多样化的利益诉求,为了共同的需要而一起工作;

(3) 可问责的组织机构(Accountable Organizations):提倡管理的透明性,开发公平、有效、快捷处理解决有关公共利益需求的机制;

(4) 有回旋能力的社群(Resilient Communities)：能够克服自身的弱势，增强应对外来的经济、政治或自然力的冲击能力的社区和人群。

实际上，社会发展除了关注发展"什么"，更关心"如何"发展。首先发展要能体现包容性，即贫困人口和弱势群体同样要有发展的机会和权利，发展应该惠及他们。这是社会发展的首要定义，这样的发展才是公平的、正义的。为此社会发展的目标不仅仅是经济增长，还要通过增加贫困人口的社会资源和参与能力使他们得到赋权从而激励自主。这样他们的发展才有可能是可持续性的。社会发展的理念认为，所有人类的福祉都是由包括自然的、物质的、财务的、社会的、人性的和精神的各类资源和资产转化而来的，而这种转化是通过像政府、市场、公民社群及家庭等一系列广泛的制度体系来完成的。如果这个体系是包容性的和有效的，穷人的福祉就能得到改善。但这样的资源和制度体系常常遭遇困境和冲击，面临重大风险，诸如对弱势群体、女性或少数民族的排斥、暴力和犯罪活动、战争、非自愿移民等等。这些是对人类发展的挑战，因而也是社会发展所要克服的目标。基于强调包容性发展，针对不同的社会环境，社会发展的目标还包括社会的回旋能力(比如针对气候变化和自然或人为灾害影响下贫困人口和弱势群体的抵御和恢复能力)、社会的凝聚力(社会对不同人等的黏着力，包括针对冲突频发和动荡不安社会的重建能力)以及社会问责(包括针对公民社会的参与及与政府的互动以及社会管理的透明度)。总体而言，这些都是为了一个公平、正义和可持续发展的目标，是建立一个强健稳定社会的基础。

基于以上的认识，社会影响评价在具体发展项目中的目的和作用可简述如下：

(1) 识别项目主要利益相关者，并建立他们参与项目设计、实施、监测和评价的机制和框架；

(2) 确保项目目标为广大有关群体所接收，提高项目人口特别是贫困人口受益程度，同时性别、民族、及其他社会差别能够被考虑在项目设计和选择之中，从而增加弱势群体的发展机会；

(3) 评估项目的社会影响和风险，包括对当地人群的风险以及对项目本身的社会风险，如有负面影响，确定如何避免、缩小或减缓负面影响，提出当地社会认可的解决方案和措施——确保世界银行的社会安保政策的落实，同时也关注更广范围的影响；

(4) 发展地方群体在社区参与、解决争端及提供服务等方面的能力，拟议社会管理计划，帮助开拓项目和当地的可持续发展的前景。

新的《环境与社会框架》明确界定了世界银行社会影响评价的五大目标，具体如下：

(1) 以与ESS要求相符的方式识别、评估和管理社会风险和影响。

(2) 采取分层减缓措施，预测和避免风险和影响；如果不可避免，最小化或将风险和影响降低到可接受的水平。一旦风险和影响已经最小化或降低，还有其他影响保留下来,就需要补偿或抵消这些影响,但在技术和财政上必须是可行的。

(3) 采取差异化的方式以避免在弱势或脆弱性群体中表现出的不利影响未得到相匹配的重视,以及他们未能平等地分享项目带来的发展利益和机遇。

(4) 在项目评估、实施和发展过程中,恰切地利用所在国环境与社会制度、体系、法律、规则和程序。

(5) 以被认为可以提高贷款方能力的方式改进项目的社会表现。

4.1.4 社会风险与影响的构成

社会影响评价要考虑所有与项目相关的社会风险与影响,《环境与社会框架》明确了七个方面的社会风险与影响。

(1) 因个人、群体或国内冲突、犯罪或暴力上升对人之安全的威胁;

(2) 项目对个体或群体带来的过多影响导致的风险,这些个人或群体因其自身特殊条件而处于弱势或成为脆弱性群体;

(3) 任何针对个体或群体在获得发展资源和项目利益中的偏见或不公,尤其是当个体或群体属于弱势或脆弱性群体时更是如此;

(4) 因非自愿征地和土地利用限制而导致的经济社会方面的消极影响;

(5) 与土地和自然资源所有制和利用相关的影响或风险,包括(与之相关)项目对土地利用模式和所有权安排、土地产出与收益、食品安全和土地价值的潜在影响,以及与围绕土地和自然资源产生的冲突与争论相关联的风险;

(6) 项目影响社区和工人面临的健康、安全和福祉的影响;

(7) 与文化遗产相关的风险。

这七个方面是社会影响评价的核心内容,贯穿于社会影响评价各个阶段。

4.2 社会影响评价应贯穿项目周期全部过程

社会影响评价工作应贯穿项目周期的全部过程,但项目周期的各阶段侧重的社会影响评价工作的内容与方法不尽相同。一般而言,项目在鉴别阶段应进行初步的社会影响分析,在准备阶段要进行详细的社会影响分析,在实施阶段要进行社会发展行动计划的监测。

每个发展项目都必须进行初步社会影响分析,以便确认项目的受益者和可能受到负面影响的人群。在项目周期中,世界银行一般在进行项目准备技术援助的实地考察或其他项目准备研究之前就能完成。初步社会影响分析的目的是识别对项目设计或实施具有重要影响的社会因素,并确定是否需要在项目准备阶段进行进一步的社会影响分析。如果初步社会影响分析揭示了重要的社会因素及相关问题,那么,项目准备技术援助或随后的项目准备研究中的社会影响分析就有明确的问题导向。初步社会影响分析一般是由世界银行社会专家完成,并将其主要发现和项目准备过程中社会影响分析的要求纳入下阶段技术援助的工作大纲中。

在项目实施过程中,应由监测评估机构/人员,对前期准备过程中的社会行动计划进行监督评估,特别是对那些含有重大社会风险的项目(如有大量的移民征地拆迁),分析有关方面(包括受益者)在实施中的参与程度,促进目标人群的受益程度,减轻对脆弱人群的负面影响。监测评估的结果或许会重新调整项目组成、实施计划,以实现项目的最终目标。

社会影响评价的操作过程

(1) 项目早期识别阶段:初步扫描/甄别
——了解项目区社会经济环境和发展目标
——识别关键利益相关者
——识别与项目密切相关的社会因素
——识别项目可能存在的社会风险
——识别项目可能引发的负面影响
——判断进行详细社会分析的必要性

(2) 项目准备阶段:详细的社会分析
——社会多样性/差异分析
——社会组织、机构制度、行为规范分析
——利益相关者分析
——地方参与性分析及制定参与框架
——社会风险及负面影响分析,拟议社会管理计划
——总体掌握基线资料、确定跟踪对象和监测指标

(3) 项目实施阶段:社会监测与评价
——参与式项目管理(不同层面上的参与管理)
——参与式项目监测(了解形象和财务进度,检查过程和影响指标)
——参与式项目效果评价(目标受益人的评价)

(4) 项目竣工:后评价——社会影响评价
——影响评价/有无对比分析
——项目与社会相互适应性分析
——项目的可持续性分析

社会影响评价是在世界银行团队积极的指导和协助下,由项目业主和项目执行单位负责开展和完成的。以下的框图示意在项目的识别、准备和实施过程中社会影响评价操作的程序和步骤(关键是在项目准备阶段)。

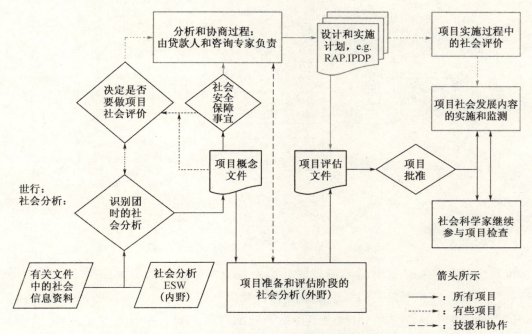

图 4-2 项目周期中的社会影响评价程序和步骤[①]

4.3 社会影响评价的分析框架与工作步骤

社会影响评价工作应该贯穿于项目生命周期的各个阶段。与项目的周期相对应,项目周期各个阶段的社会影响评价也具有较强的联系,详见图 4-3。

4.3.1 项目鉴别阶段的社会影响评价分析框架

项目鉴别阶段的社会影响评价一般是由世界银行的社会发展专家来完成。这一阶段的主要工作是进行初步的社会筛选,识别对项目设计或实施具有重要影响的社会因素,并确定是否需要在项目准备阶段进行详细的社会影响分析以及如何进行社会影响分析。通常,世界银行的社会发展专家在实地调查的基础上进行初始的社会影响分析,并在此基础上制定工作大纲,为下一阶段的社会影响评价工作进行指导。

---

① 注:示意框图中的黑线框部分,是指世界银行代表团的工作步骤和内容;灰线框部分是指项目业主项目办的工作步骤和内容。

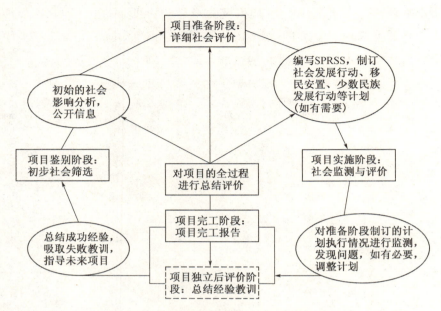

图 4-3　项目周期各阶段社会影响评价的关联

初步社会筛选主要是要由世界银行的社会发展专家通过实地考察的形式来进行,同时收集项目资料和项目区的二手资料等进行辅助分析。实地考察的范围要能包括项目区所涵盖的不同类型的社区,考察中所访问的对象主要包括目标受益人群、受影响群体和能够掌握项目相关信息的人物。

1. 初始社会影响分析

初步社会影响分析主要目的是为了确定在准备阶段需要解决社会方面问题的事项和范围,其分析的结果体现在初步的社会影响分析矩阵表中。一般情况下,初始的社会影响分析与利益相关者分析等工作同时进行,需要识别的问题主要包括:

(1) 项目可能影响的群体。如果项目可能对项目区内的某特定群体(比如贫困群体、女性与儿童群体、移民群体、少数民族等)产生负面影响,使其存在被边缘化的可能性,则应确定在准备阶段需要制订确保这些群体参与项目的社会行动计划——移民安置计划、少数民族发展行动计划等。

(2) 识别利益相关者,初步确定公众参与和协商机制。关键的利益相关者的识别通常是由世界银行的社会发展专家进行识别。对于一个相对风险较小的项目来说,一个简单的计划就够了;而对于一个复杂或高风险的项目,则应该在项目的准备阶段制定一个详细的协商和参与机制,包括信息分享的机制、协商和协作的模式。

(3) 潜在的社会风险。识别项目可能会给项目目标的实现或目标受益人所带来的负面影响很重要,因为这有可能会进一步引发社会风险,这可能包括劳动力失业风险,支付能力与支付意愿的风险、艾滋病传播的风险等。

2. 制定工作大纲（TOR）

世界银行社会发展专家根据项目的初始社会影响分析的结果，制定工作大纲，为项目准备阶段确定需要详细社会分析的具体内容。

3. 信息公开

撰写初步的社会影响分析报告，并根据世界银行的公开信息政策，将初步的社会影响分析报告向公众公开。

4.3.2 项目准备阶段的社会影响评价分析框架

项目准备阶段的社会影响评价是根据工作大纲进行详细的社会影响分析。这一阶段的社会影响评价一般是由咨询机构中的社会发展专家在项目办、业主、实施机构、设计机构的配合下进行。社会发展专家要对有关设计方案的社会影响因素进行深入调查研究，并广泛地与社区、目标群体或受影响群体进行协商，预测项目潜在的社会风险，并与项目办、业主、实施机构、设计机构一起提出优化设计、减缓社会风险具体措施。

这一阶段的社会影响评价的主要成果是详细的社会影响分析报告。根据项目的影响情况，其他可能需要的报告有：（1）移民安置计划（如果项目有征地拆迁影响）；（2）少数民族发展行动计划（如果项目对少数民族产生明显的影响，包括正面、负面的影响）；（3）社会发展行动计划（如果项目可能产生风险）等。这一阶段的工作具体可按以下的框架来进行，如图4-4所示。

4.3.3 项目实施阶段的社会影响评价分析框架

项目的实施阶段社会影响评价工作主要任务是监督与评价（Monitoring and Evaluation，简称 M&E）。其中，"监督"是指对项目的实施情况、资源使用情况以及与项目实施中的各种变化和引起的各种环境变化等方面的信息收集；"评价"是指对照行动计划对项目实施情况以及随着项目的实施而造成的社会影响进行全面评价。项目实施阶段的监测通常又包括内部监测和外部监测两个方面，内部监测的主体是项目办或业主，外部监测的主体是独立的第三方，即有资质的社会影响评价机构。

按照世界银行的政策体系，在项目的准备阶段进行了详细的社会经济调查，并根据调查的结果进行社会影响分析，并针对特定群体、公共参与、社会性别等问题提出了规避和减少社会风险（如果项目存在社会风险），扩大项目社会效益的促进社会发展行动计划。如果项目对非自愿移民或者少数民族造成了显著的影响，则由移民专家或少数民族专家指导项目办编制了移民安置计划或者少数民族发展行动计划。项目的实施阶段的任务是对经过世界银行批准的社会发展行动计划（如果项目没有社

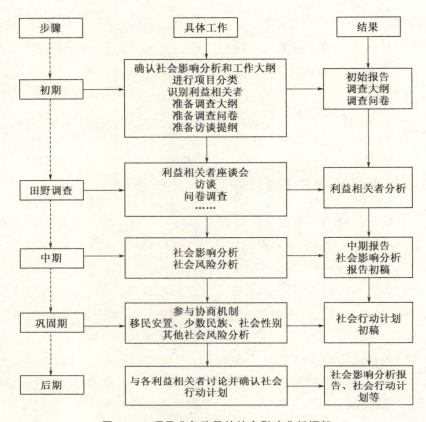

图 4-4 项目准备阶段的社会影响分析框架

会风险或者没有明显的社会风险,则是对项目的社会指标进行监测),移民安置计划,少数民族发展行动计划等的执行情况进行监测评价。

另外,在监测项目是否按照项目准备阶段制订的各种计划进行时,社会影响评价人员还应根据项目的具体情况,比如项目的实施有没有引起新的社会风险等,进一步判断有没有必要对批准的行动计划进行调整等,或者提出建议优化项目的设计以及确保项目的可持续性等。项目实施阶段的社会影响评价工作也是分步开展的,具体的工作图 4-5 所示。

4.3.4 项目完工报告阶段的社会影响评价分析框架

项目在工程实施完成后,即进入了完工报告阶段。项目完工报告是世界银行所投资项目周期中必不可少的一个实施步骤。项目完工报告阶段的社会影响评价要以项目准备、评估和执行监督的报告以及必要的监测评价资料为基础。该阶段社会影响评价的主要任务是:(1) 对项目的执行情况进行回顾和总结,描述项目在执行过程中的变化及其原因;(2) 评价目标的真实性及其与国家/地区、部门战略和策略之间的关系,对项目社会目标的实现程度进行评价,评价贷款约文的执行情况;(3) 分析项目

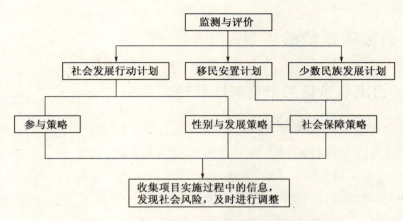

图 4-5 项目实施阶段的社会影响分析框架

实施的主要社会影响因素,并区分哪些是内部的、哪些是外部的,由谁控制,评价执行机构的表现;(4)从不同群体参与项目情况、项目的正面和负面影响等方面评价项目的收益和可持续性;(5)分析项目运营的主要风险,确定项目运营监测和发展影响的主要指标;(6)项目实施总结出来的经验教训。

4.3.5 项目后评价阶段的社会影响评价分析框架

最后一个阶段,世界银行会派出后评估代表团,对项目进行后评估,并写出项目的后评估报告,对项目进行全面的评价,提出可供借鉴的经验教训,提供反馈意见以便在今后的项目中改进。项目独立后评价阶段社会影响评价工作的主要目的在于:通过对项目活动实践的检查总结,确定项目预期的社会发展目标是否达到;项目设计以及实施是否合理有效,项目的主要效益指标是否实现,总结经验教训,为完善社会保障政策、提高决策管理水平提出建议。

为了达到后评价总结经验教训的目的,项目后评价的主要任务是在分析项目完工报告的基础上,通过实地考察和调查,进行项目影响分析、项目的可持续性分析、项目与社会的相互适应性分析;评价项目设计是否合理,确定项目预期的社会发展目标是否实现,社会风险事项识别与社会行动计划是否合理并有效实施,项目的主要效益指标是否实现;编写后评价报告。在项目后评价报告的编写过程中要广泛征求各方面的意见,在报告完成之后以召开座谈会或者将评价的成果以公开出版物的形式进行发布,为完善政策以及未来的项目决策服务。

4.4 社会影响评价的内容

4.4.1 项目准备阶段的社会影响评价内容

社会影响评价的内容因项目内容的差异而有所不同，但大体上重点是要确定项目建设对当地社会发展目标产生的有利影响与不利影响，以便充分认识项目的潜在风险，并采取合理的措施，最大限度地避免、消除、减缓有可能导致项目失败的社会风险和社会冲突，增加项目投资的社会效益和环境效益。通常情况下，社会影响评价的主要内容包括：

1. 基准信息

收集基准信息是社会影响评价的首要工作，旨在快速和全面地了解并掌握项目区的基本信息，可以通过二手资料快速获得这些信息，具体来说应该包括：项目区的范围与区位；项目区的生态环境的资源条件；项目区的人口与民族结构（包括人口规模、户籍情况、性别结构、年龄结构、民族结构与家庭规模及其构成）；项目区的经济情况（包括产业结构、职业结构、经济发展变化、居民收入与支出、地方财政等等）；基础设施的情况（包括医疗、教育、卫生、交通、社会福利和其他公用事业等）；项目区范围内主要社区的基本情况（包括社区的构成与社区居民的生活方式、社区居民的构成、主要的社会问题以及社区的历史等）。

2. 项目的利益相关者

项目的利益相关者包括项目的直接或间接的获益群体或组织、直接或间接利益受损的群体或组织。这意味着要对项目区的人群进行分类，识别出主要的利益相关者，摸清楚各利益相关者的关系；要对各利益相关者群体的经济、社会、文化、政治等方面的信息做详细的搜集和梳理；从项目涉及内容和利益相关者的角度，对项目与不同利益相关者的关系进行深入分析。

3. 项目利益相关者的协商和参与机制

在项目准备和实施的每个阶段，应与受影响的人口进行事先告知的、自由而充分的协商，并建立弱势群体申诉和抱怨的合适渠道和程序。制订一个比较详细的确保在项目设计和实施中与利益相关者协商和参与的计划，以确保这些利益相关者能够参与到项目中。一般的协商和参与包括：（1）项目准备技术援助团的成立、中期和最后研讨班；（2）使用参与式快速评价技术收集社会分析所需要的数据；（3）举办利益相关者研讨会，征求对整个项目设计与具体的行动或减轻负面风险的行动征求意见（例如，有关性别、重新安置、少数民族或失业等问题）；和（4）设计项目实施中利益相关者参与项目的措施设计。

4. 项目的正面与负面影响及潜在的社会风险分析

对项目的正面与负面影响及潜在的社会风险分析,一方面主要从宏观的角度,评估项目对社会生活各个领域的各种直接或间接的收益,特别是关注项目所带来的间接的、难以用货币进行衡量的社会效益。这些效益主要包括项目对人民健康、文化水平提高、观念的进步、劳动条件的改善等方面的积极影响,它们在项目财务评估、环境影响评估中没有涉及,是社会影响评价的重点之一。另一方面,项目建设需要征用土地,拆迁房屋,在项目建设期间当地的水利设施、道路、自然环境都有可能由于项目建设受到暂时的干扰,这些都对当地居民的生产、生活会造成不利影响;而且,不同群体对于项目建设可能存在着不同的利益诉求。项目社会影响评价将重点分析项目带来的各种潜在的社会风险,尤其是关注项目对女性、残疾人、少数民族群众等弱势群体以及被征地农户等群体的潜在不利影响。

5. 当地居民对项目建设的态度

在诊断项目建设过程中可能遇到的各种潜在利益冲突之后,进一步了解这些利益相关者的意愿和态度,明确项目建设是否得到当地社区和居民的支持。

6. 当地居民对项目规划和实施的建议

为了实现社会评估的目标,在社会评估过程中,项目咨询单位要收集当地受影响人口和社区的意见和建议,社会影响评价的发现也要与受影响人口进行讨论,以保证社会影响评价的结论和措施是合适的。为避免社会冲突,减缓项目对当地居民和社区的负面影响,社会影响评价还需要向项目规划者提供合适的对策建议。

7. 社会管理计划

为了加强正面影响,预防、减轻或补偿负面影响,需要制订社会管理计划。社会管理计划执行的时间表与项目实施的时间一致,所需费用也包含在项目的总预算中。由于移民、少数民族等社会保障问题与其他社会问题相互交叉,共同影响项目目标的实现。在项目准备阶段,如果根据项目的需要,已经编制了移民安置计划和/或者少数民族行动计划,则在社会影响评价中只需要概括性的介绍。同时,在项目准备阶段,还需要确定项目中是否存在诸如支付能力与支付意愿、劳动力风险、AIDS/HIVS传播等风险并制定规避风险的措施,因为这些风险会增加受影响人的脆弱性,影响着项目的实施以及项目目标的实现。关于其他社会风险的识别要根据项目的具体情况进行,并在与各利益相关者充分协商的基础上提出可行的、有效的规避风险的措施和行动。

4.4.2　项目实施阶段的社会影响评价内容

项目实施阶段监测和评估的主要内容包括：

（1）世界银行批准的社会发展行动计划，通常包括减贫、社会性别与发展以及其他社会风险等方面的行动计划；如果项目没有社会风险或者社会风险较小，则要对项目的社会指标进行监测（通常在项目绩效监测系统中包括社会指标）。

（2）移民安置计划（如需要编制）。

（3）少数民族发展行动计划（如需要编制）。

实施阶段的监测评估主要关注已制订行动计划或措施的实施情况，并评价其实施效果；尽早地发现项目实施过程中的社会风险以及社会问题，并及时反馈给项目业主和世界银行，以便于尽早地对项目进行调整，确保项目的社会效益最大化。

这一阶段的社会影响评价要完成如下的任务：

——建立一个较为完善的监测评价机制，包括内部监测与外部监测，及时了解到项目进展的新情况、新问题，并将这些信息反馈到项目的决策层，以保证项目能够尽量地按照计划顺利地实施。

——监测评价机构制定公开的监测与评价程序，制定监测与评价的指标（如投入指标、产出指标、受益率等），衡量项目产生的社会影响以及社会风险。

——收集资料，并进行分析。先收集关于项目的二手资料，再通过访谈法、问卷法、座谈会等进行跟踪调查以获得关于项目的第一手料，再进行跟踪调查以获得关于项目的第一手资料，并对这些资料进行分析。

——评估项目行动计划的指标和目标的落实情况以及项目满足目标群体需求的程度。

——对项目实施中出现的问题提出意见，以修改原来的设计方案，及时提出消除妨碍项目社会目标实现的调整方案，即社会行动建议。

（4）提交项目监测评估报告。

这一阶段社会影响评价最后的文本形式为：社会行动监测报告、移民安置计划监测报告、少数民族计划监测报告等。对社会发展行动的监测通常融入了项目的绩效监测报告或者少数民族、移民安置计划监测报告中。一般而言，内部监测报告按照季报，由项目办完成，并报世界银行；外部监测报告按照半年报（视情况而定），由外部独立监测机构完成，并报世界银行以及项目办。除移民安置外部监测评估外，监测评估至项目实施完成后结束，移民安置外部监测评估一般至受影响人收入恢复为止。不同类型监测报告的具体内容将在后面的章节中详细说明，在此不再赘述。

4.4.3 项目完工报告阶段的社会影响评价内容

在这一阶段的社会影响评价主要完成如下的任务：

(1) 描述项目的社会目标以及在执行过程中的变化、变化的原因，评价目标的制定是否切实可行，对项目的社会目标的实现程度进行评价，评价贷款约文的执行情况。

(2) 评价执行机构的表现，评价项目的社会风险以及规避措施的执行情况。

(3) 对影响项目目标实施的内部和外部因素进行分析，并确定这些因素的控制主体是谁。

(4) 对项目的可持续性进行社会分析，主要是分析项目的社会影响以及项目各方利益相关者在项目中的参与、各方的意见以及后续应采取的措施等。

(5) 对项目运营期间的计划进行描述和评价，包括在与各利益相关者沟通协商的基础上确定项目的社会效益，运营期间的项目社会监测指标。

(6) 讨论项目主要的成功经验和失败教训，在未来发展中如何吸取这些经验教训以及这些经验教训对类似国家和同类在建项目和未来待建项目有哪些借鉴作用。本阶段的社会影响评价通常采用比较的方法，如进行项目前后的对比分析、有无项目的对比分析等等。

4.4.4 项目后评价阶段的社会影响评价内容

本阶段的社会影响评价关注的重点是以下几个问题：

(1) 项目的影响分析。对项目在社会的经济、发展方面的有形和无形的效益和结果进行分析，重点评价项目对所在地区和社区的影响，其内容包括持续性、机构发展、参与、女性、平等和贫困等六个要素。然而，项目的社会影响分析应根据项目的目标以及群体的不同进行重点的要素评价。与前几个阶段的社会影响评价进行对比，是否存在尚未预测到的影响及社会风险，若有，则总结经验教训，采取补救措施，消除或减轻影响，以利于项目持续实施，促进社会稳定进步。

(2) 项目与社会的相互适应性分析。项目是否与项目区群众的需要相适应，当地社区对项目是否满意并支持项目的持续实施；对减贫、项目效益的分配、组织机构的发展、女性等弱势群体的参与方面及实践状况进行分析；并与前几个阶段的评价进行对比，研究总结项目是否存在问题，如果存在问题，应研究并采取措施解决。

(3) 项目的可持续性分析。综合政府的政策、管理、组织机构与发展、地方政府与社区群众参与、财务、技术、社会环境（文化、风俗习惯等）、外部的政治、经济环境等各方面的实际因素进行深入调查，在综合分析的基础上完成以下任务：确立项目的社会效益目标与相关持续性因素之间的因果关系;区别不同影响因素的控制主体;区分在项目立项、设计、施工、运营和维护中各种因素的区别;分析项目是否可持续地顺利运营下去等。如存在不利于项目可持续实施并持续发挥效益的问题,应在分析的基础上提出解决的措施或建议,以保证项目的可持续。

(4) 项目的经验教训。在分析资料、现场调查的基础上,综合考虑各种相关因素,分析评价项目的经验和教训,主要有两个方面:一方面是具有项目本身特点的重要收获和教训;另一方面是可供其他项目借鉴的经验教训,特别是在社保政策、项目决策、程序、管理和实施中借鉴的经验教训。

4.5 社会影响评价的方法

识别与项目相关的利益相关者,并进行参与式评价是社会影响评价通常使用的方法。参与式社会影响评价是通过一系列的方法或措施,促使事物(事件、项目等)相关群体能够积极地、主动地、全面地介入事物过程(决策、实施、管理和利益分享等过程)的一种方式方法。参与是方法,核心思想是赋权。赋权给利益相关者群体,以便在多方倾听中求得决策的公正与科学。需要注意的是,在项目的不同阶段,不同类型的项目中使用的方法也会发生变化,应依据项目的特点,灵活掌握。

4.5.1 利益相关者分析

利益相关者分析一般按照以下步骤进行:界定利益相关者;分析利益相关者的利益所在及项目对其利益所产生的影响;对每一个利益相关者的重要性和影响力进行分析;为各个利益相关群体制定参与项目建设的方式。

1. 界定利益相关者

利益群体的划分一般按照各群体与项目的关系及其对项目的影响程度与性质决定。利益相关者包括主要利益相关者与次要利益相关者。主要利益相关者是指项目直接或主要的受益者或者直接或主要的受到损害的群体或者机构;次要利益相关者是指对项目有间接的或次要影响的群体或机构,如政府部门、非政府组织等。

2. 分析利益相关者的利益构成

对项目的利益相关者进行界定后,就要对他们从项目中获得的利益以及可能对项目产生的影响进行分析。主要关注的问题有:利益相关者对项目的期望;项目为其带来了什么有利影响;项目是否会对其产生不利影响;利益相关者拥有的资源以及是否愿意动用资源支持项目的建设;利益相关者是否有与项目目标冲突的任何关系。

3. 分析利益相关者的重要性和影响力

获得所需信息后,可以从以下几方面对利益相关者的影响力及其重要程度进行评估:权利的拥有情况;组织机构的级别;对资源的控制力;对项目取得成功的重要程度等。项目的影响程度与利益相关者对项目所拥有的权利密切相关,此权利直接影响到项目的各种活动或者间接影响项目的实施。这些利益相关者既包括其需求要通过项目实施得以满足的人群,也包括利益与项目利益相吻合的群体。

要注意的是:有些利益相关者对项目的成功与否起到至关重要的作用,但其影响力可能非常有限,如贫困人口、老人、女性、少数民族等弱势群体而言,在社会影响评价中,要采取各种措施,使他们成为项目的参与者,并从项目中受益。

4. 制定各利益相关者参与项目的方式

对各利益群体影响程度的评价通常涉及在一定范围内对他们进行排序,比较相互之间的重要程度,相互比较是确定利益主体参与方式的第一步。据此,划分出四种影响及其带来的参与方式:

(1) 利益相关者具有很高的影响力和重要性。为了得到他们的支持,应该让他们积极参与项目的全过程。

(2) 利益相关者具有高影响力和低重要性。应该经常和他们保持联系,理解他们的观点,避免冲突和不满。如果他们得不到充分重视,就可能反对项目建设。

(3) 利益相关者具有低影响力和高重要性。应该采取特别措施满足他们的要求。他们的参与很有意义。

(4) 低影响力和低重要性的利益相关者不可能关注项目的建设,他们需要的不是咨询,而是提供给公开信息。

利益相关者分析涉及对项目影响群体的识别,包括积极影响和消极影响以及评价每个利益群体对项目成功的影响程度及其重要性。为了对利益相关者进行充分的分析,确保公众参与,可以使用以下方法,从各方面了解利益相关者的需求。

4.5.2 参与式社会影响评价的方法

参与式社会影响评价所用的方法,是在对当地社会经济情况和利益相关者进行调查的基础上,了解受项目影响人群的期望、态度和偏好的一种方法。此方法是识别项目所存在的社会问题、促进当地社会成员参与的一种重要手段,而且也是沟通项目规划者、实施者和其他利益相关者的重要桥梁和纽带。

(1) 问卷法。问卷调查研究中用来收集资料的主要工具,用来测量人们的行为、态度和社会特征。通过问卷调查,可以了解受项目影响人群的社会经济等基本情况、对项目的了解程度和需求程度、对项目的看法等情况。

(2) 座谈会。座谈会是听取不同群体意见的一种行之有效的方法,应分别对贫困群体、女性群体、少数民族群体等召开有针对性的座谈会。座谈会应该在项目区举办,使各方在一个熟悉的环境中发表看法和意见。通过座谈会,社评小组可以向有关政府部门和受项目影响人群介绍项目基本情况,社会影响评价的目的、重要性等情况,从而获得其支持。

(3) 访谈。访谈是一个重要工具。通常,访谈与问卷调查同时进行,同时还可以对项目的一些相关的内容进行调查,以便为受访者创造更多有效的参与的机会。访谈时,应做到简单扼要、意图明确、重点突出。访谈可分为无结构式访谈和半结构式访谈。无结构式访谈又叫做深度访谈或者自由访谈,并不依据事先设计的问卷和固定的程序,只是有一个访谈的主题或者范围,由访谈员与被访问者围绕这个主题进行比较自由的交谈。无结构式访谈可以充分调动受影响人群的积极性,也便于调查人员更快、更好地掌握当地情况。半结构式访谈通常按照事先设计好的问题或者问卷进行访谈,最大优点就是访谈结果便于量化,可做统计分析。

(4) 文献查阅。可以通过查阅一些资料,为详细的社会影响评价制定工作大纲。主要的文献包括项目区所在地的规划;项目所在地和受影响县的统计年鉴;各子项目可行性研究报告;扶贫规划;女性发展规划和评估报告;少数民族发展规划;土地征用和房屋拆迁政策以及相关的官方政策和规定等。

(5) 画图。视觉帮助是参与评价的一个有效工具。其优点是比较直观,较少文化水平限制,所画的图包括社区分布图、资源分布图、历史大事件、季节日活动安排、趋势变化图表等。

(6) 排序。这类工具可以直接比较不同社会群体之间的区别,了解人们对某一事物的偏好程度,为项目的决策提供依据。

4.5.3 项目不同周期运用的社会影响评价方法及分析工具

社会影响评价应贯穿于项目周期的全部过程,由于项目周期各阶段的社会影响评价工作的侧重点有所不同,所以使用的方法也有所不同(参见表 4-1)。

表 4-1 项目周期各阶段使用的社会影响评价方法及分析工具

项目周期	社会影响评价方法及分析工具
项目鉴别阶段	1. 座谈会:向有关政府部门的相关人员介绍社会影响评价的目的、方法以及参与的方法,使其充分了解社评的重要性并获得他们的支持 2. 访谈:深入的访谈便于了解与分析项目的社会影响 3. 文献查阅:收集项目所在地的相关资料 4. 利益相关群体分析:对潜在和可能受项目影响的人群进行鉴别

续表 4-1

项目周期	社会影响评价方法及分析工具
项目准备阶段	1. 问卷法：进行详细的社会经济调查，了解被调查者的基本情况，通过调查，得出统计结论 2. 座谈会：此阶段的座谈会，重点强调的是要有不同群体的参与，同时了解利益相关群体所关心的问题 3. 访谈和小组讨论：结合调查问卷，通过个人访谈讨论一些敏感或私人性质的问题，共同关心的问题更适合小组讨论 4. 画图：社评组成员可以通过不同的图表，了解需要的信息，为接下来的社会影响评价提供依据 5. 排序：考虑目标群体的优先需要，按照目标人口各子群体对其需求和需要的程度，进行先后排序，从中了解哪些项目目标是各子群体都迫切需要的，应选择排序位置最高、反映出多数子群体需要的方案 6. 利益相关群体分析：评价各利益相关群体对项目成功与否所起作用的重要程度，同时，根据项目的目标，对项目各利益相关群体的重要性作出评价
项目完工报告阶段	1. 座谈会：证实和量化 PRA 的结论 2. 访谈：证实结论，考察项目的完成程度、实施情况和存在的问题等 3. 查阅二手资料：对项目区域的社会发展指标进行年度监测时要查阅当地政府有关社会、经济方面的统计以及其他文献资料 4. 有无项目比较法：通过此方法，可以分析项目引起的收入变化，得出项目带来的各种效益与影响的程度 5. 逻辑框架分析法：运用逻辑框架分析法，可以明确项目的目标及其内外部关系，使人对项目有个明确的轮廓概念。逻辑框架法一般用矩阵表示，其中包括宏观目标、直接目标、产出、活动等
项目后评估阶段	与完工报告相似

4.6　案例分析

淮河流域重点平原洼地治理项目良性实践

淮河流域重点平原洼地治理项目覆盖了大片流域，覆盖了江苏、安徽、山东和河南四省，每省都有自己的项目办和实施机构。本报告主要集中于江苏省的行动及其工作上。项目始于 2011 年，在 2016 年年末完成。项目的江苏部分及各种检测任务，在诸多方面取得了显著成效，在诸多方面起到了示范作用，下面几点尤为突出：

（1）将指导守则、环境社会影响评价的发现和世界银行的政策转化为确保环境与社会可持续性的操作措施。

（2）建构了一套管理机制和运行文化，负责保障环境与社会可持续性和对未预期的条件做出反应。这套机制和工具有效地确保了上文提到的措施之实施。

（3）抓住机会保护了一个非常重要的考古遗址，这个遗址本可能成为项目实施的一个障碍，但是在项目实施中却将之作为项目的一部分——保护了历史和重要的文化遗产。

（4）开展了积极的公共资讯计划，其依据是之前确定的受影响社区。这一计划培育了信任，最小化了矛盾，提升了主人翁意识和满意度。

4.6.1 项目区的背景和历史

河流是文明的摇篮，也是不幸的源泉，这在淮河体现得淋漓尽致。这条河流十字形地穿越了中国东北部平原。该平原有着极为丰富的文化遗产，也是古代中国文明的发祥地，曾是中国首都所在地，是大运河所在地，也是数百万人民的家园。江苏省北部是本报告关注的核心区域，有着特殊的沿河景观——是水与农业、水产活动的混合，滋养着以水为基础的乡村社区及其传统。河流网络因提供了水、航行和社会冲突而显得重要。

淮河流域是中国中心区人口最密集和富裕的地区，有广阔的农田，生产着中国1/6的农作物和1/4的经济作物。然而，这个附属的流域在面临洪灾时异常脆弱。特大洪涝灾害平均每3~5年发生一次，导致巨大的经济损失，因为河流及溪流不足以抗衡洪水。在那些地势低洼之地排水尤其不畅，地势低洼之地在整个项目区就达20处之多。生活在该流域洪泛区的人们每年雨季都受到洪水的影响，这些影响又因不完善的排水设施而加剧，农业生产因之而减产。抗洪成为当地居民日常生活的一部分，耗费了非常多的劳动力，付出了很高的社会代价，严重干扰了当地居民的家庭生活。

4.6.2 项目目标及其构成

项目的目标是提供更好和更安全的保护以抵抗洪涝，提升土地的生产能力，降低淮河流域特别贫困的乡村地区之财产损失。项目涉及建造和/或改善大范围的基础设施，比如桥梁、道路、水闸和抽水站，堤坝和水渠的土建工程，保障建设期和今后土地的产出。这可能会涉及移民的安置问题。项目由如下几个部分构成。

1. 防洪和排水改善

（1）防洪和排水改善工作包括：①堤坝加固；②改善水路的通过性，尤其是河流清淤、渠道开挖与强化以及稳固河堤；③洪水控制工程的兴建、修复、替代和扩展，包括抽水站、桩式横堤、闸门和桥梁。

（2）提升社区能力,通过建立和扩充农用排水和灌溉协会、在项目区实施排水和小规模灌溉,来改善工程。

（3）减小环境负面影响和提高正面影响计划。

2．灾害评估和支持系统

发展支持系统：①升级数据收集的范围和设备；②提高数据搜集、传递和处理的能力；③在合肥建立一个灾难评估中心；④提高洪涝灾害评估处理的准确水平；⑤形成在水涝减缓方面的创新性措施。

3．机构/制度强化

（1）特别指堤坝维护,设计与建造,现代建造技术,洪水预警、紧急反应和流域模拟的数据搜集和决策支持系统,财政和硬件的可持续性,项目执行与管理。

（2）加强项目实施实体的机构和硬件能力建设,以确保项目区洪水控制和排水改善设备的有效运行和维护。

4．安置行动计划及其实施

5．项目管理

加强项目执行实体的能力：工程设计、采购和施工监理的项目管理；运行财务和采购管理信息系统；监理一套监测和评估体系；实施高质量的保障措施。

四省项目完成,希望可以给自然和社会经济环境带来显著的正面影响包括：降低洪涝灾害的风险,提升区域社会经济水平,改善项目区生态环境和贫困者的生计。预计四省将有655万人受益。那些家园或土地被暂时或永久征用的人,根据世界银行政策,他们的利益必须被保护。长期看,通过更好的洪水控制,生活质量将大幅提高,适航性和道路改善将造福于现在和今后几代人。

改善淮河流域洪水控制和排水状态,持续的征地和非自愿移民必然涉及。根据国家规定和世界银行的政策,移民安置计划必须准备。四个省中,江苏移民安置的规模最大。

4.6.3 环境社会影响评价政策

这是一项对环境和社会存在诸多潜在影响的大项目。在准备和设计阶段,下列世界银行政策必须被认识和遵循,主要包括下列几个方面：

（1）环境评估（OP/BP4.01）（略）；

（2）非自愿移民（OP/BP4.12）；

（3）物质文化资源（OP/BP4.11）；

（4）自然栖息地（OP/BP4.04）（略）；

（5）大坝安全（OP/BP4.37）（略）。

项目因需要项目本身和临时道路、工地而征地,一些人会因此需要搬迁和安置。社会安全保障方面就要求充分征求受影响人群的意见,并以直接或间接的方式对他们进行补偿,一套旨在确保他们生计之延续和生活质量之提高的机制就是必需的。

在项目识别阶段,并没有任何证据表明项目可能会涉及重大考古发现。然而,当项目开始施工后,一些考古遗物在江苏省出土,物质文化资源政策就马上起效,以确保这些发现被细致地研究,遗物被合理地保存。

项目既要符合国家法律法规中有关移民安置的内容,也需要满足世界银行相关政策。在国家层面,中国明确要求当发展计划中受影响群体有权在生活栖息和社会发展计划中发声,并要求准备移民安置计划。项目和地方政府需要准备影响评估报告和移民安置计划。在世界银行关于非自愿移民的条款中,要求基于社会经济调查、移民影响评估和意见征询基础上准备移民安置计划。

江苏省项目规划了两处安置地,一处是在徐州(2013年完成),另一处在泰东河流域。泰东河流域是淮河的支流,也是本报告调查的目标。后者征用情况如下:
(1) 4 447 亩土地的永久性恢复;
(2) 因建设活动临时性占用 4 852 亩耕地;
(3) 拆除 782 间房屋和 67 间厂房。

受拆除影响的房屋通常在其原村中间,允许按照标准和风格重新修建。新房提供水源和电源供给、通路和其他社会服务。

4.6.4 环境、社会与制度挑战

项目希望解决各类挑战,这些挑战可归纳为:
(1) 在运作上:如何将宽泛的守则、一般建议和整体性政策转化为可操作的、坚实的措施。这些措施很容易被理解,并为地方项目团队和承包商所遵守。
(2) 在实施上:①合作:如何保证所有涉及的部门(省级和地方政府、不同层次的项目办和各类承包商)和谐合作,并保持与环境与社会安全保障框架的一致性;②灵活性:如何遵守计划的同时保持对一定的灵活性以应对未预期情况;③本地化:如何考虑地方人群的特殊性及其期待,这些人群可能在前期初步评估中未考虑。
(3) 文化遗产保护:如何将此项目与过去相连,尤其要注意:①保持特殊的花园式水景的江苏风格;②保护在这种大项目中可能出土的任何历史遗产;③社会和谐:如何避免因土地征用和安置导致的任何潜在矛盾。

4.6.5 项目亮点

1. 将宽泛守则与一般建议转化为坚实的行动

将宽泛守则与一般建议转化为坚实的行动在评估报告中就明确提出来了,在

2007年转化为了行动计划。这些问题已经识别出来，也找到了解决路径，相关团队就找机会在项目周期的每一个步骤都进行干预。

（1）采购与竞标——尤其要满足环境与社会安全保障政策的要求。

（2）对不同的土建工程采取细致和特殊的环境措施。

（3）在协议中包括了环境与社会安全保障的要求。

（4）对承包商采取绩效支付的机制。

（5）监测与评估体系的发展，包括监督、评价和持续的提升机制。

（6）增强承包商和工地工人对政策的敏感性。

（7）操作手册为支持的培训和能力建设。

2. 顶层承诺与广泛的地方支持

这些计划和措施之所以能得以实施，是因为获得了江苏省政府高层的承诺——提供所需一切人力和物力支持。这种承诺从省一级到地方一级政府，从部门领导到项目办，从经理到承包商。这些计划和措施也获得了地方政府的关注以及受影响社区的热情欢迎，表现在：①快速和平稳完成了项目土建工作和临时工地所需土地的征迁；②项目实施方与地方人民的协商，优化了项目设计以最小化环境影响和最大化公共利益。

所有的关键都在于在项目团队和受影响社区之间搭建了适宜的关系、愉快的关系和生活环境的改善成为共同的追求。

3. 具有原则性、务实性和灵活性的方式管控未预期情况

这种规模的项目，没有哪一项评估或计划可能完全预计到可能出现的情形和环境。在这个项目中，碰巧遇到了一些考古发现。这些考古发现之后成为2011年中国十大考古发现之一。这些发现是"良渚文化"的标志，填补了中国历史的一段空白。

在很多情况下，这样的发现可能引发政府与保护主义者的冲突，要么导致重大工程的推迟，要么导致考古发现被毁坏。但在这个项目中，马上开展了相关勘测，并为此提供了可能需要的资金。在这个过程中，很快将这一信息上报国家相关部门，获得了1000万人民币以开展系统的发掘、研究和遗物的抢救。

所有这些不仅是保护了遗址，还丰富了江苏北部的文化遗产。项目团队采取了一项重要措施，即与相关部门合作在与河道右侧相邻的地方建立了一个博物馆和考古公园——遗物在此被展览。完工后，考古公园将成为项目的一部分。

这些工作的可能来源于项目团队的敏感性，与政府在诸多层面的沟通，地方社区的支持等等。

第 5 章 移民行动计划

> 非自愿移民问题,甚至在世界上最重要的城市如巴黎、纽约、波士顿、东京、名古屋和其他城市,以及非洲、拉丁美洲和亚洲已建成水坝的农村地区都已发生过。在今天,非自愿移民问题,在发展中国家更为明显。简单地说,是因为这些国家,为了提高人民生活水平,在向落后挑战,为实现工业化而斗争。在此进程中,常有必要在那些地区将人口进行再分配,以便可能更好地利用可自利用但却稀缺的自然资源。
>
> ——Michael M. Cermea[①]

人类发展进程中已经有了上千年的历史,每当一个国家的人民和政府想要改善生产、生活条件并以重要的方式改变他们利用土地、水资源等自然资源和习惯的时候,就会产生非自愿移民问题。这种非自愿移民问题,不仅发生在西方发达国家和地区,也同样发生在发展中国家和地区。实际上,在一个国家和地区的发展中,建造主要的水电站大坝、灌溉和供水系统、扩展高速公路网以及城市中的城区改造等,都或多或少地伴随着困苦与损失的移民。

世界银行贷款曾给移民带来消极影响。在世界银行以往 40 年的用于贷款开发项目的移民工作中,包括在亚洲和非洲的开发项目,在进行移民时,造成了许多失误。这些失误对工程的正常进行和移民造成了许多消极的影响。当这些失误越来越明显,并变得越来越严重的时候,世界银行的有关专家、计划制订者、管理者以及世界银行贷款项目执行单位及地方官员,便有意识地思考这个问题。特别是世界银行的移民专家,着手制定相对完善的移民安置政策。移民安置的最终结果是要提高生计和生活水平,至少使其真正恢复到搬迁前或项目开始前的较高水平。

5.1 世界银行非自愿移民政策

自 20 世纪 80 年代以来,世界银行对贷款项目下的非自愿移民问题,制定并实施

[①] Michael M. Cermea 是世界银行移民政策研究专家、世界银行社会学和社会政策的高级顾问、美国加利福尼亚大学行为科学高级研究中心的教授。

了具体的而富有开创性的移民政策,明确了非自愿移民的政策目标,非自愿移民计划政策涉及的影响、自愿移民计划政策的基本要求、获取补偿的资格等几个方面,建构了世界银行非自愿移民政策体系。

非自愿移民政策有三个主要目标。首先,探讨一切可行的项目设计方案,以尽可能避免或减少非自愿移民。其次,如果移民不可避免,移民活动应作为可持续发展方案来构思和执行。应提供充分的资金,使移民能够分享项目的效益;应与移民进行认真的协商,使他们有机会参与移民安置方案的规划和实施。最后,应帮助移民提高生计和生活水平,至少使其真正恢复到搬迁前或项目开始前的较高水平。

非自愿移民计划政策有七项基本要求。第一,贷款方应编制一份移民安置计划或移民安置政策框架。第二,在涉及强制性地限制使用法定公园和保护区的项目中应由移民参与项目设计和实施。在这种情况下,贷款方编制一份银行认可的过程框架,说明参与过程。第三,为实现政策目标,应该特别关注移民中弱势群体的需要,尤其是那些处于贫困线以下的人、没有土地的人、老年人、女性、儿童、土著人、少数民族,或是可能不会受到国家土地补偿法规保护的人。第四,依附于土地、具有传统生产方式的土著人的移民问题尤其复杂,移民可能对他们的身份特征和文化延续造成严重的不利影响。因此,银行需要弄清楚贷款方是否探寻了所有可行的项目设计方案,以避免这些群体的实际迁移。第五,为了确保必要的移民安置措施落实以前不会发生搬迁或限制使用资源、资产的情况,移民活动的实施需要和项目投资环节的实施相联系。第六,对于靠土地为生的移民,应当优先考虑依土安置战略。最后,为财产损失支付现金补偿。

由于移民安置涉及补偿,所以必须确认获取补偿的资格。在此,首先要确定项目有必要进行非自愿移民,贷款方需进行人口普查,确认将受到项目影响的人员、决定哪些人员有资格接收帮助,并防止无此资格的人员进入。在确定补偿资格标准时,要对移民进行分类,包括三类:第一,对土地拥有正式的合法权益的人(包括国家法律认可的一贯的和传统的权利);第二,在普查开始时对土地并不拥有正式的合法权益;第三,那些对他们占据的土地没有被认可的合法权益或要求的人。

为了推动政策目标的实现,经贷款方请求,世界银行可以通过提供以下援助来支持贷款方和其他相关单位,援助的主要内容如下:第一,评估和加强国家、区域或部门一级的其移民政策、战略、法律框架和具体计划;第二,提供技术援助资金,用于提高移民负责部门或受影响人更有效地参与移民行动的能力;第三,提供技术援助资金,用于制定移民政策、战略和具体计划,并用于移民行动的实施、监测和评价以及资助移民投资所需的费用。

在此,对世界银行非自愿移民政策的适用范围做补充说明。首先,并不是所有的世界银行投资项目都要遵循非自愿移民政策。该政策不适用于社区项目中对自然资源使用的限制,即使用资源的社区自行决定限制使用这些资源,但前提是经过符合银行要求的评估,确认社区决策过程充分完全,并且如果出现任何不利于社区中弱势成员的影响,能够制定消除这些影响的相应措施。这项政策还不适用于自然灾害、战争或内乱导致的难民;其次,强制性土地征用土地,主要包括搬迁或丧失住所,失去资产或获取资产的渠道,丧失收入来源或谋生手段,无论受影响的人是否必须迁至他处,要遵循非自愿移民政策;最后,强制性地限制利用法定公园和保护区,从而对移民生活造成不利影响,要遵循非自愿移民政策。

5.2 移民安置计划的识别与主要文件

在项目鉴别阶段,社会发展专家将根据项目可能涉及的移民影响量和程度进行判断,确定在项目的准备阶段是否需要制定相应的移民安置计划。这取决于社会发展专家对与征地、土地利用限制和非自愿移民相关问题及其影响的权衡,这就是通常我们所说的"社会问题清单"。

非自愿移民主要社会问题清单

(1) 涉及的征地和移民有多少?
(2) 移民涉及项目区范围多大?
(3) 受影响人口中是否有贫困或弱势群体?
(4) 移民的生产和生活模式如何(对移民的社会经济调查)?
(5) 项目对这种既有模式的影响和破坏是怎样的?
(6) 项目对移民的影响是怎样的?
(7) 移民可能面临的风险:如:a. 失去土地,b. 失业,c. 无家可归,d. 被边缘化,e. 食品不安全,f. 发病率增加,g. 失去享有公共财产和服务的权利,h. 原有社会网络断裂。
(8) 移民对项目的态度如何?对补偿标准、安置方案的态度和意愿如何?
(9) 项目设计中是否考虑移民的申诉渠道?

移民安置计划具体包括三种情形:第一,强制性地征用土地丧失资产、生活来源、失去住所;强制性地限制利用法定公园和保护区,从而对移民的生活造成不利影响的项目,需要制定完整的移民安置规划;第二,对非自愿移民没有产生巨大影响的项目,需要制定简要的移民安置规划;第三,未产生非自愿移民影响的,不需制定移民安置规划。

如果需要制定移民安置规划,项目业主就需要提供移民安置文件(Resettlement

Instrument)。根据贷款项目类型和影响程度的不同,世界银行要求借款人编制和提交的移民安置文件也不同,移民安置规划,移民安置政策框架,程序框架统称为移民安置文件。

移民安置文件

(1) 提供移民安置规划(Resettlement Plan):世界银行规定所有会引发非自愿移民的项目都要编制移民安置规划。如果项目对整个移民群体的影响较轻,或者移民人数不足200人,经世界银行同意,可以编制简要移民安置规划。

(2) 提供移民安置政策框架(Resettlement Policy Framework):对于可能涉及非自愿移民的行业贷款活动和与项目相关的连带项目,世界银行要求贷款方在评估前提交一份移民安置政策框架。该政策框架应包含移民安置的原则,实施机构的安排和项目设计标准等。在取得了该子项目具体的规划资料以后,再按移民政策框架的精神编制子项目的移民安置规划并报世界银行审批。

(3) 提供程序框架(Process Framework):当世界银行资助的项目可能会限制法定的国家公园和保护区内自然资源的使用时,贷款方要准备一个程序框架,旨在制定使可能受到影响的移民能够参与项目内容的设计,参与确定实现移民安置政策目标所需的措施,参与相关工程的实施和监测的程序。

5.3 非自愿移民安置规划

移民安置规划的广度和深度可根据移民安置的规模和复杂程度而异。规划的制定要依据翔实可靠的基础资料,如:(1)拟议中的移民规模和由于移民而引起的搬迁安置对移民的影响,以及对其他社团所产生的不利影响;(2)与移民安置相关的各种法律条款。移民安置规划应该包括下列主要内容,当任何一项内容与项目情况不相关时,要在移民安置规划中注明。

5.3.1 项目描述

项目描述是指项目的总体描述和项目区域的鉴别。

5.3.2 潜在的影响

考量潜在的影响需要对下列四项内容进行鉴别。(1)导致移民的项目组成部分或项目活动;(2)该项目组成部分或项目活动的影响区域;(3)为避免或减少移民而考虑的替代方案;(4)在项目实施阶段为尽可能减少移民而建立的管理机制。

5.3.3 目标

目标是指移民安置规划的主要目标。

5.3.4 社会经济调查

社会经济调查指在项目准备初期进行社会经济调查,并邀请可能受到影响的人参加。

社会经济调查之人口调查

(1)受影响地区当前的居住人口情况。这将作为移民安置规划设计的依据,人口调查以后嵌入的人口不应享受移民的资格。

(2)移民家庭的基本特征,包括生产制度、劳力和家庭组成的描述;移民生产生活基本情况(如相关的生产水平以及政策的和非正常的经济收入)和生活水平(包括健康状况)。

(3)财产的预期损失(总量或部分),以及被迫迁移在物质或经济上受影响的程度。

(4)ESS5中所定义的脆弱人员或脆弱群体的信息。这些信息将有助于将来制定有关优惠政策。

(5)定期更新移民生产生活资料和移民生活标准资料的机制。这种机制能够使人们及时掌握移民搬迁过程中的最新动态。

除了人口调查外,还需要对下列内容展开其他调研。

社会经济调查之其他调研

(1)土地所有制度和土地转让制度,包括调查人们赖以维持其生活和生计的共有的自然资源财产,当地认可的土地分配机制制约的以非所有权为基础的使用收益权制度(包括渔业、牧业或林地的使用),以及在项目区域内不同土地所有制度下引发的问题。

(2)受影响团体的相互社会关系,包括社会网络和社会援助体系,以及他们将如何受到项目的影响。

(3)将要受到影响的公共基础设施和社会服务机构;和移民团体的社会和文化特征,包括对那些可能与移民协商、移民安置规划和实施活动相关的正式和非正式机构进行描述(如社区组织、宗教团体、非政府组织等)。

5.3.5 法律框架

法律框架是指对法律框架进行分析后得出的结论,包括如下几个方面:

法律框架的具体内容

(1)国家征用权的范围及其补偿的类别,主要是估价方法和资金安排两方面。

(2)适用的法律和行政管理程序,包括有哪些有利于移民的法律补救措施,和通常的司法程序所需的时间,以及有哪些解决项目下移民安置争议的替代机制。

(3)有关土地所有制度、移民的财产和损失评估、补偿以及自然资源使用权等方面的法律(包括习惯法和传统法);与移民搬迁相关的习惯私人法;环境法和社会福利法规。

(4)与实施移民安置机构有关的法律和法规。

(5)世界银行的移民政策与当地涉及土地征用和移民的法律之间的差距,以及减少这种差距的机制。

(6)保证移民安置有效实施所需要的一切法律步骤,包括在适当的时候认定土地合法权利的过程,如引申于习惯法和传统使用权的权利要求。

5.3.6 机构框架

确立机构框架是指设置与安置工作有关的机构,制定各机构的职责以及提高机构能力的办法,建立所有机构的协调与合作机制,主要包括三项:第一,确认负责移民安置的机构和可能在项目实施中起作用的非政府组织;第二,评价负责移民安置机构和非政府组织机构的能力;第三,提出加强负责实施移民安置和非政府组织机构能力的步骤。

5.3.7 补偿资格

补偿资格是指移民接受补偿和其他援助的资格认定标准,包括相应的截止日期、应获得相应的补偿和安置援助、明确移民的权益等。

5.3.8 补偿标准

补偿标准确定对财产损失的估价符合重置价的补偿办法,说明补偿的充足性,如对土地补偿费和安置补助费采用倍数的依据等;是否需要提高地方法规确定的补偿类别与标准才能达到重置价水平;对地方法规没有考虑到的内容,如何确定补偿及帮助。补偿方案和安置方案的总体计划,应确保各类受影响人口最终实现本政策的目标。该总体计划除需在经济上、技术上可行以外,还应符合受影响人的文化习俗,并与其充分协商。

5.3.9 移民安置点的选择、安置点的准备和移民搬迁

可供选择的移民安置点和所选择移民安置点的理由,包括四项:第一,机构的安排和技术计划的安排,以便确定移民安置地点是在城市还是农村。要综合考虑生产潜力、地理优势和其他影响因素并与原地点进行比较,还要估计土地和其他资源收购转让所需的时间。第二,为防止土地投机买卖和非移民涌入选定的移民安置地点所要采取的措施。第三,移民搬迁的程序,包括移民安置地准备的时间安排和移民搬迁的时间安排。第四,将土地调整和转让给移民的合法安排。

5.3.10 建房、基础设施和社会服务计划

建房、基础设施和社会服务计划包括移民建房(或现金补偿给移民)计划、基础设施建设计划(如给水、道路支线)和社会服务计划(如学校、医疗卫生服务);为安置区居民提供相应服务的计划以及任何必要的安置点发展、施工和建筑设计活动。

5.3.11 社区参与

社区参与是指移民和安置区居民的参与,包括以下四个方面的内容:

社区参与的具体内容

(1) 在移民安置规划设计和实施过程中征求移民和安置区居民的意见,邀请移民和安置区居民共同参与的战略安排。

(2) 在移民安置规划准备过程中归纳总结移民所关心的问题,和在移民安置规划中如何考虑了移民所关心的问题。

(3) 对可供选择的移民方案和移民最终作出的选择进行审查。这些选择包括:不同姓氏的补偿和受援方式;个体家庭的安置方式;作为社区或家族一部分的安置方式;维持现有社团形式的安置方式;保留文化遗产(礼拜场所、朝圣中心、公墓)使用权等。

(4) 机构安排。适当的机构安排可以使移民在移民安置规划和移民实施过程中,把他们关心的问题向项目主管部门反映,要采取措施保证诸如土

著居民、少数民族、无地人口和妇女等脆弱群体的意愿得以充分体现。

5.3.12　与安置区居民的融合

与安置区居民的融合,减少移民安置对移民安置区居民的影响应采取的措施包括四项:首先,与移民安置区居民和当地政府的协商;其次,及时为安置区居民支付因给移民提供土地或其他财产而发生的费用;再次,安排解决移民和安置区居民之间可能引起的冲突;最后,采取措施在移民安置区加大社区服务设施(如教育、供水、医疗卫生和生产服务),使之能够同时满足移民和安置区居民的需要。

5.3.13　申诉程序

申诉程序是了解或掌握解决因移民安置而引起的第三方争议的程序,此种申诉机制应考虑使用现有的司法追索程序以及社区和传统的解决争议的机制,其中包括搬迁人(尤其是弱势群体)可通过何种渠道和机制向项目单位反映他们的要求。

5.3.14　组织机构的职责

组织机构的职责主要包括四项:第一,确立移民安置实施机构框架,包括负责移民安置的实施机构的确定和为移民提供服务的机构的确定;第二,要确保移民实施机构与管辖权限之间的协调一致;第三,要加强实施机构的能力以便更好地设计和实施移民安置(包括技术援助);第四,在适当情况下,将基础设施和服务设施的管理移交给地方主管部门或者移民,移民实施机构的相应管理权限也要一并移交。

5.3.15　实施时间表

实施时间表覆盖从移民实施计划的准备直至实施的全过程,包括实现预期目标值(即为移民和安置区居民提供实惠)的目标日期和各种形式援助的终止日期。移民实施计划应该指出移民搬迁安置与整个项目的实施有何种联系。

5.3.16　成本和预算

成本和预算包括以下项目:第一,逐项列举所有移民安置活动所需的成本,表格化逐项列出移民搬迁安置所需资金,包括通货膨胀、人口增长所需的补贴和其他不可预见费;第二,移民资金支付计划;第三,资金来源;第四,资金及时到位的计划安排以及移民实施机构权限之外的移民活动所需资金的筹措情况。

5.3.17 监测与评价

监测与评价包括以下项目：第一，由移民实施机构安排移民安置活动的监测工作，并由世界银行酌情增补独立监测人员，以保证获得完整的和客观的资料；第二，用移民监测指标来衡量移民安置的投入、产出和成效；第三，邀请移民参与监测的全过程；第四，在所有移民安置及相关开发活动完成之后合理的时段内要对移民的影响进行评价；第五，利用移民安置监测成果指导后续的实施工作。

移民安置计划报告编制框架

（1）项目基本情况

项目背景和内容描述、移民安置计划（RAP）的编制目的。

（2）项目影响

明确项目移民影响范围，调查方法、依据，确定各类（如永久征地、临时用地、住宅房屋拆迁、非住宅房屋拆迁等）影响的数量、人数，分析影响程度，特别关注征地拆迁对弱势群体（包括女性、少数民族）的影响。

（3）社会经济状况

项目区省级、市级(县级)、镇级(乡级)经济发展水平、产业结构等概况，关注受影响人的就业结构、收入水平、消费水平等。

（4）政策目标和法律框架

项目所依据的国家、省、市的法律法规、政策文件，以及世行的具体要求。

（5）补偿标准及权利表

征地拆迁所造成损失类型（包括违章建筑物）的补偿标准制定的依据、标准值，各类受影响人的权利矩阵。

（6）移民生产和生活恢复方案

移民生产和生活恢复方案的制订的过程，房屋恢复或重建方案，被征地农民的收入恢复措施等。特别关注受影响弱势群体、受影响女性和少数民族群体的恢复计划。

（7）机构组织

负责征地拆迁实施与管理的组织机构框图，各机构的责任，机构的能力，培训的计划等。

（8）实施进度

征地拆迁进度的安排，分项说明每个关键的征地移民活动（如土地预审、审批、房屋拆迁、补偿费支付等）的时间表）。

(9) 预算和资金来源

移民总预算及可能的年度预算，明确资金来源。

(10) 公众参与、协商与申诉渠道

项目准备、实施各阶段信息公开与参与的安排，如移民安置信息的公布与宣传、移民信息册发放、公众会议的召开等。建立移民抱怨与申诉机制。

(11) 监测与评估安排

制订监测和评估计划，包括内部监测与外部监测的目的、主要内容、报告安排等。

如前所述，经世界银行同意，一些项目可以编制简要移民安置规划。简要移民安置规划的主要内容包括：移民影响人口调查和所影响财产的估价，移民补偿和其他援助形式的描述，征求移民对可接受的替代方案的意见，负责移民安置实施机构的职责和移民抱怨申诉程序、安置活动的实施和监测以及时间表和预算。

5.4 移民安置政策框架

移民安置政策框架的目的是阐明移民安置的原则、实施机构的安排和项目设计标准。移民政策框架主要是针对在项目准备和评估阶段尚不能预见项目实施过程中或子项目执行中，将会发生的潜在移民活动的具体规模、细节、或地点的情况。其目的是阐明移民安置的原则、实施机构的安排和项目设计的标准，以指导项目实施阶段的项目行为。移民安置政策框架应包括以下主要内容。

移民安置政策框架的主要内容

(1) 简述项目和项目的分项内容所需征用的土地和需要搬迁的移民，解释为何移民安置规划。

(2) 简述准备和实施移民安置活动的原则和目标。

(3) 简述准备和审批移民安置规划所需的步骤。

(4) 尽可能估计搬迁的移民人数、移民的类型和移民可能搬迁的范围。

(5) 认定不同类型的移民资格标准。

(6) 法律框架要阐述借款国的法律法规与世界银行政策的要求是否一致以及弥补二者之间差距的措施。

(7) 简述受影响财产的估价方法。

(8) 简述保护移民权益的组织程序，对于涉及私营部门中介机构的项目，该程序应描述金融中介、政府和私营开发商的责任。

(9) 简述与土建工程相关的移民活动实施步骤。

（10）简述移民抱怨申诉机制。

（11）简述移民投资的计划安排，包括成本估算、资金流和不可预见费的计划安排。

（12）简述在移民安置规划的制定和实施过程中安排移民参与和征求移民意见的机制。

（13）简述实施机构的监测计划安排，如果必要的话，还应简述独立监测机构的监测计划安排。

移民安置政策框架的编制大纲以主要内容为依据，依次是项目简述、可能引发的移民、准备和实施移民安置的原则和目标、准备和审批移民安置规划的步骤、可能的受影响人数和类型、移民资格标准、法律框架、受影响财产的评价方法、移民活动的实施步骤、抱怨申诉机制、参与机制、费用估算和监测安排。

5.5 移民安置程序框架

当世界银行资助的项目可能会限制法定的国家公园和保护区内自然资源的使用时，要准备一个程序框架。程序框架的目的是在于制定一个程序，使可能受到影响的社区成员能够参与项目内容的设计，参与确定实现移民安置政策目标所需的措施，以及参与相关工程的实施和监测。程序框架应描述进行以下活动所需的参与程序：

程序框架所需的参与程序

（1）项目内容的准备和实施。该框架文件应简要地描述项目、项目内容和实施活动，其可能涉及的限制使用自然资源的更新更严格的规定，并且还应描述潜在的移民参与项目设计的程序。

（2）确定受影响人员的资格标准。程序框架要建立起一个机制，使受影响的社团可以参与到确定不利的影响因素、了解评价不利影响因素的重要性、确定减少不利影响的标准和补偿标准等活动中来。

（3）在维护国家公园或保护区可持续性发展的同时，采取措施帮助受影响人员，努力改善其生产生活，或者在实际意义上恢复到搬迁以前的水平。程序框架要阐述社区将确定和选择可能的缓解或补偿措施的方法和程序以及受不利影响的社区成员在可供选择的方案中做出决定的程序。

（4）要解决受影响社区内部或社区之间可能发生的冲突或抱怨。在受影响的社区内或社区之间可能引发资源使用限制方面的争议，该框架文件要阐述解决这类争议的程序，和解决社区成员由于对资格标准、社区规划措施或实际执行情况不满意而提起申诉的程序。

(5) 行政和法律程序。文件应该审议在程序方面与有关的行政和行业部门已达成的协议(包括明确界定项目中的行政和财务责任)。

(6) 监测计划安排。当项目活动在项目区域内对人群产生(有利的和不利的)影响时,该框架要审查参与式项目监测活动的计划安排,目的是监测为改善或恢复移民收入和生活标准所采取的措施所产生的效果。

移民安置程序框架的编制大纲要以上述参与程序为依据,依次包括项目的具体组成部分、资格标准、补偿措施、争议的解决和抱怨的申诉程序、行政和法律程序以及监测计划安排。

5.6 案例分析

世界银行贷款泰东河工程移民实践与探索

泰东河工程移民以《世界银行贷款泰东河工程移民实践与探索》报告中泰东河工程移民的内容为主,该工程为世界银行贷款项目,工程主要内容为:干河拓浚 40.14 km,新建河道护坡 80.53 km,新筑圩堤 67.86 km,局部城镇段新建挡浪墙 5.73 km;疏浚幸福河、盐靖河、俞西河三条支河 15.9 km;影响工程水系调整疏浚或新开连接河道 37.305 km;新建泰东河干河跨河公路桥 3 座,拆除重建 5 座,新建支河生产桥 15 座,挖压影响拆建、新建生产桥、人行桥共 50 座(其中新建 26 座,拆除重建 24 座);新建排涝站 40 座,重建 32 座;新建圩口闸 58 座,拆除重建 60 座。

报告以泰东河流域为研究区,开展对世界银行项目泰东河工程中的移民经验及移民可持续评价的探索,基于区域移民负责部门调研和受影响移民的社会调查数据,以及世界银行与江苏省的移民相关政策比较,总结世界银行移民政策与中国移民政策的共性与个性。总结泰东河工程移民安置的经验教训,突出强调公共参与在泰东河移民安置实践中的表现形式、作用以及借鉴意义。对泰东河工程移民安置开展可持续性评价,评价移民安置的效果并在此基础上提出移民可持续发展战略。

5.6.1 技术路线

首先对泰东河工程的背景以及所在区域的自然,经济和社会背景进行总体的概况,为进一步开展相关领域的研究提供现实基础,并在此基础总结泰东河对区域的影响和作用。为了探索泰东河工程移民安置的实践经验,了解泰东河移民安置的过程,我们接着对泰东河移民安置的整个过程,包括前期对于移民安置的规模、移民安置前农民的生计状况都进行调查和分析,介绍泰东河移民安置的补偿标准和补偿政策以及具体的安置方式,为移民安置实践和探索做好准备。

泰东河移民安置既是世界银行出资的项目,又是在江苏省境内开展的项目。所以它的移民安置一方面要符合世界银行的政策要求,另一方面也要符合国家和江苏省的移民政策要求。因此在此实践的基础上,比较世界银行政策与中国移民政策的共性与个性,为进一步开展相关国内的移民安置项目提供理论和现实的经验。

在泰东河移民安置中总结了公众参与式安置模式的突出作用。因此我们对参与式安置模式进行了系统的梳理和总结,包括参与式安置模式的相关概念、参与式安置模式的世界银行经验以及中国对于参与式安置相关的政策法规,同时总结泰东河移民安置在参与式安置模式下的实践和探索。

基于相关的调查数据以及移民安置后安置区的社会经济状况,以可持续发展的视角开展可持续性评价,评价移民效果,在实践探索中提出了移民可持续发展战略。

5.6.2 泰东河工程对区域的作用

泰东河工程是我江苏利用世界银行贷款实施的淮河流域重点平原洼地治理工程项目之一,是水利部《加快治淮工程建设规划》(2003—2007年)确定实施的重点治淮项目之一。该工程是实现江水东引北调工程体系的重要组成部分,是加快推进江苏沿海开发国家战略、支持苏北地区发展的重大民生工程之一,其主要作用是:

(1) 江水东引北调。泰州引江河所引江水输送至里下河东南部,并送入通榆河 $100 \text{ m}^3/\text{s}$,为沿海垦区及滩涂开发提供淡水资源,改善里下河东南部地区供水条件和水环境。

(2) 防洪除涝。综合1991年、2003年兴化及溱潼两个典型站点的雨情水情,里下河腹部地区的外排出路严重不足,防洪除涝形式依然十分严峻。东南片滞水区需要扩大贯穿该片的泰东河的排水能力,串连通榆河及泰州引江河,加快排水速度,降低里下河腹部地区的高水位。

(3) 航运。泰东河工程将在里下河东部沿海形成一条贯穿南北、沟通江海的三级航道。

综上,本次利用世界银行贷款从根本上治理的泰东河工程是一项以引水为主、结合航运与排涝、改善水环境的综合利用工程,是江苏沿海江水东引北调工程体系的重要组成部分。工程的建成必将极大地促进江苏沿海地区大开发、大发展、大跨越。

泰东河工程对区域的影响,除了直接的工程影响和经济效益外,泰东河工程对当地居民的其他社会影响主要表现在征地拆迁方面。项目征地拆迁影响涉及泰州市农业开发区、姜堰市、兴化市以及盐城市的东台市。项目征地拆迁涉及的13个乡镇/街道的46个村,共需永久占用农村集体土地4 175.35亩(其中,耕地1 971.02亩,占征收农村集体土地总量的47.21%),影响人口11 385人;临时占用农村集体土地6 872.39亩

(其中,耕地 5 386.57 亩,占征收农村集体土地总量的 78.38%),影响人口 8 187 人;永久占用国有土地 51.2 亩;拆迁农村居民房屋面积 69 771.23 m²,影响人口 2 184 人;影响企业单位 69 家,受影响职工 91 人。

5.6.3 泰东河工程中的移民安置

宏观尺度基于遥感与 GIS 的泰东河工程征地与移民规模分析

(1) 泰东河是江苏省三级航道,也是江苏省里下河地区主要的农业排涝、灌溉及饮用水源河,引江河所引江水输送到里下河东北部、直至通榆河的主河道。

(2) 泰东河工程穿越东台市、兴化市、泰州市。全长 55.076 公里,其中,新通扬运河段 6.376 公里,泰东河段 48.7 公里。

(3) 近年来,由于通航能力提升,船只运行数量、吨位增加,船行波对沿河两岸圩堤冲刷严重,险工险段逐年增加。此外,长期繁忙的水上交通造成各支流河床上升,河道淤积严重,每年发水季节给沿河群众造成严重威胁。

5.6.4 补偿政策与标准

1. 移民安置政策

泰东河项目执行的移民安置政策是依据中华人民共和国、江苏省人民政府、泰州市农业开发区人民政府、泰州姜堰市人民政府、泰州兴化市人民政府、盐城东台市人民政府和世界银行有关移民安置政策制定的。有关政策规定及享受权益的资格认定标准、财产估价标准及补偿标准,未得到世界银行的认可,不得有任何变动,主要政策包括:土地补偿、房屋拆迁及企事业单位安置等。

(1) 征收集体土地补偿政策;
(2) 国有土地永久占用补偿政策;
(3) 农村住宅房屋拆迁补偿及安置政策;
(4) 企事业单位迁建补偿及安置政策;
(5) 弱势群体补偿政策;
(6) 受影响基础设施及地面附着物补偿政策。

2. 补偿标准

根据法律框架的规定,结合江苏省泰州市的农业开发区、姜堰市、兴化市以及盐城市的东台市的实际情况,制定本项目如下各类影响补偿标准:

(1) 征收农村集体土地补偿标准;
(2) 临时占地补助标准;
(3) 国有土地补偿标准;

（4）农村住宅房屋拆迁补偿标准；

（5）企事业单位房屋拆迁补偿标准；

（6）地面附着物补偿标准。

5.6.5 泰东河工程移民安置方式

1. 永久用地补偿安置

泰东河工程的征地补偿方案充分考虑移民的意见，各项目办人员与受征地拆迁影响的每个村以召开座谈会的形式讨论了移民安置方案，根据移民意见和项目影响地区的实际情况，项目影响移民均在原村内安置，保持移民原来的生产生活方式、习惯及社会关系的稳定，有利于增强移民生产生活的积极性和适应性。生产上，经与征地户讨论，采取货币安置，不再调地，即将土地补偿费、安置补助费以及青苗补偿费按照征地的数量全额支付给受影响人。

除了货币补偿外，在各项目办的支持下，大部分有条件的村集体经济组织都制定了村级恢复方案，在各受影响村开展多种恢复项目，项目受益范围覆盖受影响户，确保移民能恢复或提高其生产生活水平。根据对受影响村的实地调查，受影响村民收入恢复渠道有以下三种：

（1）按照江苏省要求的补偿标准，各受影响区获得货币补偿。土地补偿费及安置补助费发放到受影响人，被补偿人得到补偿费后可以继续从事目前的职业，也可以将补偿费用于发展个体经营。

（2）河道治理后将减少农作物因洪灾或水土流失而减产的程度，进而带来可观的河道治理效益，同时在项目影响区进行农田水利配套设施建设，提高农田标准，使项目影响区的土地旱涝保收，提高了土地的产量，增加了受影响户的收入，从而，弥补了因土地征收而导致的收入损失。

（3）根据不同村的情况，根据各个村发展的现状和未来的前景，制订了符合受影响村发展实际的生产安置计划。

2. 农村住宅房屋拆迁安置

泰东河工程项目拆迁涉及泰州市农业开发区、姜堰市、兴化市、盐城东台市等地共 655 户，2 184 人。拆迁安置有两种方式：一是村内集中安置。由村里统一规划安排宅基地，村民根据实际需要、按照规划自建新房，可建楼房、平房和老人房。另外一种则为分散安置。分散安置又可细分为以下几种方式：（1）被拆迁户在拿到拆迁补偿费用之后，自己选择建房地址，村内负责协调宅基地。（2）被拆迁户选择购买村内闲置的住房，然后根据实际情况，有选择性地进行翻新、装修。

3. 企事业单位安置方案

此次泰东河工程共影响1区2市的69家企业,其中农业开发区3家企业,姜堰市39家企业,东台市27家企业。

根据实地调查分析,工程对企业单位的影响主要是由河道开挖、疏浚和建设征地引起的,有以下三种情况:(1)整体影响,企事业单位全部在征地范围内。(2)非整体影响,包括两类企业。第一类企业由于征地拆迁影响,企业主要生产车间而无法在原地继续生产,或由于河道标准的提高不适宜在原地继续生产,需要整体搬迁;第二类企业受到征地拆迁的影响相对较小,可以选择在企业现址内或周围区域进行改建。(3)仅影响企业非生产房屋或附属物,不影响企业生产。由于项目工程设计地不断优化,施工路线不断地优选,此次泰东河工程所影响的企业大多属于第三种情况,即不影响企业的正常生产以及企业员工的生产生活。

通过征求地方政府及受影响企业单位恢复重建意见,同时根据项目对各企业的影响程度,工程确定了安置补偿方式:(1)对于影响较小的企业,采用货币补偿,企业按需进行就地改建的安置方案。(2)对于影响较大需要异地搬迁重建的企业,除给予货币补偿之外,各项目办协同各镇拆迁办根据企业的经营特点,帮助企业协调重建用地,将企业重建的损失降至最低。泰东河工程对受影响企事业单位房屋补偿标准按照相关规定制定,再加上设备损失费、搬迁奖励费、停产补偿费等补偿费用,企业可以会恢复成原来规模,补偿费用可以弥补受工程影响而造成的损失。

5.6.6 移民的态度及期望

在项目实施过程中,项目办公室及移民实施机构十分重视移民的参与和协商,广泛听取了移民的意见。

在移民安置实施过程中,各实施机构多次召开座谈会,反复征求移民关于征地补偿的意见。对于存在疑虑和担忧的移民,则通过进一步告知相关信息和参观的方式来消除其疑虑和担忧,以保证移民的权益不受侵害。在调查和访谈中发现,通过宣传等方式,移民对项目均表示支持。

泰东河工程移民安置计划实施后没有移民通过申诉热线表示抱怨,移民对于补偿安置政策比较满意。同时,监测小组在调查中发现,移民抱怨和申诉渠道形式多样,当地许多移民时常会去工地关心工程的进展或是在工地工作,他们在工地上往往畅所欲言,均对补偿安置政策表示满意。

第6章　移民监测与评估

世界银行要求对移民安置计划的实施过程进行监测与评估。所谓"监测"是指根据移民安置规划，收集、分析、报告和使用关于移民进展的信息，注重实物目标、财政目标和将权利授予受影响人的情况。监测通常由项目实施机构内部进行（俗称"内部监测"），有时有来自外部监测专家协助（俗称"外部监测"）。监测报告要呈交世界银行。在项目周期中，要重点做好移民审查工作，要求项目决策人和利益相关者在一起评估移民进展情况。以此为基础，审查人员达成共识，并决定采取任何所需行动来改进移民工作或适应正在改变的情况。移民评估一般在实施中和实施后进行，旨在评估移民的目标是否合适和是否达到，特别是生计与生活标准是否已经恢复或者有所提高。评估还要评定移民的效率、有效性、影响和可持续性，相关教训将作为将来移民规划的指南，通常由第三方负责。

移民监测与评估工作可分为两阶段，即移民监测与评估工作准备阶段和移民监测与评估实施阶段。移民监测与评估工作准备阶段自世界银行贷款项目周期中的项目鉴别起，经项目准备、项目预评估、项目评估阶段，至项目批准阶段结束。移民监测与评估实施阶段自移民安置实施开始，直至移民安置目标实现为止。移民安置监测与评估涉及范围包括由业主和移民实施机构进行的内部的移民监测活动和由独立的移民监测与评估机构进行的外部监测与评估活动。

6.1　移民监测与评估的必要性、作用、依据与原则

6.1.1　移民监测与评估的必要性

通过建立内部监测系统，以便评估移民规划中主要目标方面达到的进展情况，如预算和时间表、给受影响者授予的权利、咨询、申诉和特殊问题和效益。同时，根据监测与评估报告，进行定期评审，让包括受影响人代表在内的主要利益相关者参与，进而对改善移民情况所需采取的行动达成共识并且实施这些行动。通过建立外部监测与评估系统，以评估移民目标的可达性与合适性。另外，在监测与评估过程中，通过使用参与性快速评估和其他方法，让受影响者、安置区居民、社区参与项目监测与评估，达到赋权之目的。当然，内部监测和外部监测结果将有助于项目结束后独立外部

机构对移民开展后评价,也有利于从制定移民政策和规划中吸取教训。

6.1.2 移民监测与评估的作用

移民监测与评估的作用,在于跟踪监测项目移民安置行动计划的实施进展,动态评估移民安置行动计划的适宜性,为项目业主、移民实施机构和世界银行项目管理提供决策支持。通过连续不断的监测和对监测结果的评价,确定移民安置实施活动是否遵循了移民安置行动计划;对未能按移民安置行动计划实施或实施不完善的移民活动,则要提出补救建议。通过监测和评估,检查移民安置行动计划是否满足移民安置实施的需要,如有不当,则要及时提出调整建议,以确保移民生产生活的恢复超过或达到搬迁前的水平。

6.1.3 移民监测与评估的依据

移民监测与评估的依据有三类。首先,国家有关移民的相关法律、行政法;其次,世界银行有关业务导则,如 ESS1、ESS5;最后,与项目直接相关的法律性文件,如世界银行和项目业主共同认可的移民安置行动计划等。

6.1.4 移民监测与评估的原则

移民监测与评估有四项基本原则。第一,周期性地调查、了解和评价移民安置行动计划实施的情况;第二,准确地进行数据采集和资料分析,保证监测评估结果的准确性;第三,科学、客观、公正地评价移民安置行动计划的实施情况;最后,及时地向项目业主和世界银行报告,使其能及时了解项目的进展并进行科学决策。

6.2 移民监测与评估计划

组织和提供监测与评估工作由项目实施机构负责,而移民安置规划具体规定了监测与评估的细节,大体包括以下几个方面:

移民监测与评估的细节

(1) 在移民机构内,分配监测和评估的责任。如果有大规模的移民,需要有一个特别的监测和评估单位或组织。如果移民涉及多个机构和各级政府,则需要一个协调计划。

(2) 具体工作的责任包括:收集、分析、核实、质量控制、与有关机构协调、报告准备、向决策人和世界银行呈送报告,审查报告的责任和对报告采取行动。

（3）收集和分析资料所使用的方法。

（4）实地调查工作和存档所需资源，包括世界银行政策中明确要有社会学、人类学和移民方面的专家。

（5）在监测和评估方面，培养能力和技能的任何需求，包括培训计划和预算。

（6）收集资料工作、准备和呈交报告的时间表。

（7）监测和评估的预算。

6.3 内部监测

实施机构通常全权负责内部监测，监测针对移民规划中确定的活动、资格权利、时间安排和预算而进行。内部监测是项目内部管理的重要组成部分，其目的在于总体把握移民实施活动的状况，通过建立和使用移民管理信息系统，收集、分析和共享有关移民实施活动的进度、资金和质量的数据和信息，发现存在或潜在的问题，分析其原因，并提出解决问题的措施建议。

内部监测评估作为移民系统内部自上而下的对移民安置实施过程的监测活动，要求在移民实施工作相关的项目业主和各级移民实施机构之间建立起规范、通畅、自下而上的移民实施管理信息系统，跟踪反映各地区及各子项目的移民实施工作进展情况。该管理信息系统应由项目业主组织开发和建立，由各级移民实施机构自下而上报送的移民实施进度、资金、效果等信息进行采集、处理和统计分析，并进行动态的跟踪管理。各级移民实施机构定期向上级移民实施机构直至项目业主传递最新移民实施数据和信息。实施中内部监测要建立起完善的以计算机为支撑工具的管理信息系统，以全面、及时、准确地储存、管理和使用移民实施活动的信息。

项目业主应根据移民实施工作需要，制定统一的报表，由各级移民实施机构定期自下而上报送。一般有月报、季报、半年报、年报等。报表需统计移民活动实施管理范围内统计时段内（期内）的移民实施主要活动的工作量、资金拨付、效果及有关数据，定期或不定期的情况反映在各移民实施工作相关机构之间，采用多种方式，交换移民安置实施工作中出现的问题及有关情况信息，并提出处理意见，如简报、文件等。

项目业主和移民实施机构定期召集各级移民实施机构负责人或其代表参加的会议，讨论移民实施工作进展及存在的问题，也可以通过会议交流有益的经验。检查项目业主和上级移民实施机构对下级移民机构组织的实施活动进行常规检查或非常规的专项检查，核实移民实施工作进展，对移民实施工作中重要问题或出现的特殊情况进行专门调查。

内部监测的内容

（1）组织机构：移民实施及其相关机构的设置与分工，移民机构中的人员配备，移民机构的能力建设。

（2）移民政策与补偿标准移民政策的制定与实施：各类影响损失（永久征地、临时占地、房屋拆迁、店铺拆迁、企事业单位拆迁、专项设施拆迁等）的补偿标准实际执行情况。需特别说明是否按照移民安置行动计划中的标准执行，若有变化，需说明原因。

（3）征地拆迁与移民安置活动实施进度：总进度计划与年度计划，移民机构及人员配备进度，项目区永久征地、临时占地的实施进度，安置区土地（包括生产用地、宅基地、公共设施用地等各类安置用地）调整、征用（或划拨）及将其分配给移民的实施进度，房屋拆迁进度，安置房重建进度，移民搬迁进度，生产开发项目实施进度，公共设施建设进度，专项设施复、迁、改建进度，工矿企事业单位迁建进度，劳动力安置就业进度，其他移民活动进度。

（4）移民预算及其执行情况：移民资金逐级支付到位数量与时间情况，各级移民实施机构的移民资金使用与管理，补偿费用支付给受影响的财产（房屋等）产权人，土地所有权者（村、组等）及使用者的数量与时间，村级集体土地补偿资金的使用与管理，资金使用的监督、审计。

（5）移民生产就业安置：农村移民的主要安置方式（土地调整安置、新土地开发安置、企事业单位安置、自谋职业安置、养老保险安置等）、人数、店铺与企业拆迁移民就业安置、脆弱群体（少数民族、女性家庭、老人家庭、残疾人等）的安置，临时占地的土地复垦，安置的效果等。

（6）移民房屋重建与生活安置：农村移民安置的方式与安置去向，宅基地安排与分配，房屋重建形式，宅基地三通一平工作，补偿资金的支付，公共设施（水、电、路、商业网点等）的配套、搬迁等；城市移民的安置方式，安置点，安置房建设，安置房选择与分配，公共设施配套建设、搬迁等，商业店铺房屋重建与分配，企事业房屋重建与分配。

（7）工矿企业事业单位、店铺、城（集）镇和各类专项设施（水利、电力、邮电、通讯、交通、管线等）的恢复重建。

（8）抱怨，申诉，公众参与，协商，信息公开与外部监测，抱怨与申诉的渠道、程序与负责机构，抱怨与申诉主要事项及其处理情况，公众参与和协商的主要活动、内容与形式，公众参与和协商的实施效果，移民信息册与信息公开，外部监测机构、活动与效果。

(9) 对世界银行检查团备忘录中有关问题的处理。

(10) 尚存在的问题及其解决措施。

内部监测的结果要以报告的形式呈交世界银行，这就是通常所说的《内部监测报告》。在项目准备期间，项目业主就要配合世界银行评估编制定期或不定期的内部工作报告，格式根据世界银行的要求因项目、阶段而异。进入项目实施阶段后，影响较大的项目需要简略的周报、月报，详细的季报、半年报和年报；影响较小的项目根据项目情况需要简略的季报，详细的半年报、年报。根据项目管理的需要，进行专题报告。项目实施结束之后，还要提交总结报告。内部监测报告由各级移民实施机构向同级人民政府和上级移民实施机构、项目业主报告，项目业主每半季度向世界银行提交一份内部监测报告。

6.4 外部监测

为了确保信息的完整性和客观性，实施机构通常任命一个独立机构从事外部监测和评估。移民的后评价是项目周期中一个不可缺少的部分。外部研究或咨询机构、大学部门或发展性非政府组织可以进行独立的评估。外部监测与评估机构的任务包括四项：一是核实内部监测结果；二是，评估移民目标是否已达到，特别是生计和生活标准是否已恢复或提高；三是，评估移民效率、有效性、影响和可持续性，吸取的教训作为未来制定移民政策和规划的指南；四是，查证移民的资格权利是否恰当地满足目标要求，这些目标是否适合受影响人的情况。外部监测涉及四种监测类型，每种类型又包括了众多的指标依据（详见表6-1）。在此，我们参考了亚洲开发银行《移民手册：切实可行的实践指南》。

表6-1 外部监测的类型与指标依据

监测类型	指标依据
预算和时间框架	1. 是否所有土地征用和移民工作人员，已按实地与办公室工作的计划任命和动员了？ 2. 能力建设和培训活动是否已按计划完成？ 3. 根据商定的实施计划，是否正完成移民实施活动？ 4. 用于移民的资金是否按期拨给移民机构？ 5. 移民办公室是否收到计划中的资金？ 6. 资金是否按移民规划拨到位？ 7. 社会准备阶段是否如期进行？ 8. 用于项目实施的所有土地是否已征用和占用？

续表 6-1

监测类型	指标依据
受影响人权利的授予	1. 根据权利资格分类表中规定的损失数和类别，是否所有受影响人都获得了他们的权利？ 2. 受影响人是否准时收到付款？ 3. 受影响人暂借土地之损失是否得到补偿？ 4. 是否所有受影响人按照计划获得认可的运输费、迁移费用、收入替代支持和任何移民补助？ 5. 是否提供所有替代土地或合同？土地开发是否按规定进行？措施是否准备就绪，以给受影响的人提供土地所有权？ 6. 多少受影响家庭已获得土地所有权？ 7. 按移民规划中的安置方案，多少受影响者获得住房？ 8. 住房的质量是否符合商定的标准？ 9. 移民地是否按商定的标准选择和开发？ 10. 受影响人是否已住进新房？ 11. 协助措施是否按为安置地社区所计划的实施？ 12. 恢复是否面向社会基础设施和服务进行？ 13. 受影响人是否获得学校、卫生保健服务、文化遗址和活动？ 14. 收入和生计恢复活动是否如收入恢复计划中所规定的实施？例如使用替代土地、生产开始、受培训和提供工作的受影响人数、拨给的小型贷款、协助创收活动的数目是否如收入恢复计划中所规定的实施？ 15. 受影响的生意（包括转移和因失去生意及停工所致的净损失付款）是否得到补偿？
咨询、申诉和特殊问题	1. 协商（包括会议、小组及社区活动）按计划进行了吗？移民信息册准备好并分发了吗？ 2. 多少受影响者了解他们的资格权利？多少人知道这些资格权利？ 3. 有没有受影响者使用申诉处理程序？结果如何？ 4. 冲突解决没有？ 5. 有没有实施社会准备阶段？ 6. 有没有对少数民族（土著人）实施特别措施？ 7. 与项目前情况比较，职业、生产和资源使用方式方面有什么变化？
效果监测	1. 与项目前情况比较，收入与支出模式方面有什么改变？ 2. 生活费用有何变化？受影响者的收入赶得上这些变化吗？ 3. 在与生活标准相关的主要社会与文化因素方面发生了什么变化？ 4. 脆弱群体发生了什么变化？

移民规划将制定外部监测与评估要求，一般依据外部监测与评估机构的权限形式。通常要求这个外部监测与评估机构提供一个对有关移民目标安置监测与评估方面的原基底调查的年度修正报告。这个外部监测与评估机构将为监测与评估和项目本身的档案系统建立一个资料库。这个资料库也可以包括地图、图表、受影响财产的照片，合同与土地权复印件、付款情况以及有关移民的估价文件，还可以包括有关移民规划目标、发展中成员国政策目标和世界银行政策方面的外部监测和评估的目的和目标。

外部监测与评估的主要权限

(1) 根据移民规划，达到这些目标所需的信息。
(2) 提供信息的方法与途径。
(3) 详细的方法论，采用现有的基础人口普查和调查、定期修正、抽样框架、安排资料收集、核对与分析、质量控制、建立记录和汇报系统。
(4) 主要的利益相关者，尤其是受影响者参与监测与评估。
(5) 所需资源，包括社会学、人类学和移民方面的专长。
(6) 监测与评估的时间表。
(7) 汇报要求。

问卷设计和抽样工作将用于建立移民"之前"与"之后"情况的比较性资料库。调查通常与家庭问卷相结合，从中获得有关移民进展、效率、效益、影响和可持续性等主要指标的信息。定期的参与性快速评估可作为补充，这种参与性快速评估将允许评估者同一系列利益相关者(地方政府、移民现场工作人员、非政府组织、社区领导人和最重要的一些受影响者)协商。监测与评估小组还通常至少进行一次事后评估调查，以评估移民目标的达到程度、生活标准和生计变化以及受影响者经济与社会基础的恢复情况。外部监测主要包含了6项监测指标，每一项指标又具体包括若干指标依据(详见表6-2)。

外部监测的结果要以报告的形成呈交项目业主和世界银行，这就是所谓的"外部监测报告"。从移民搬迁活动开始至结束，外部监测承担机构需要每半年向世界银行和项目业主提交一份监测评估报告。从移民搬迁活动结束至移民安置目标实现之年间，每年提交一份监测评估报告。搬迁前要进行一次基底调查，并提交基底调查报告。移民活动结束后，进行一次总结性评估，并提交总结评估报告。根据项目实施情况或项目管理的需要，进行专题调查并提交报告。

表 6-2 外部监测的监测指标与指标依据

监测指标	指标依据
受影响家庭基本信息	1. 位置 2. 组成和结构、年龄、教育和技能水平 3. 家庭户主的性别 4. 是否为少数民族 5. 获得卫生、教育、实用设施和其他社会服务 6. 住房类型 7. 土地及其他资源拥有和使用模式 8. 职业和就业模式 9. 收入来源和水平 10. 农业生产资料（用于乡村住户） 11. 在邻里和社区组织中的参与 12. 获得文化场所和活动 13. 组成资格权利和移民资格权利的所有资产估价
生活水平恢复	1. 受影响人的住房补助津贴是否在毫无折旧、费用或迁移费用下支付的？ 2. 受影响的人是否采用住房选择？ 3. "社区"的观念是否恢复？ 4. 受影响人是否获得主要社会和文化要素的替代品？
生计恢复	1. 给受影响人的补偿费用是否不因折旧、费用或迁移费用而打了折扣？ 2. 补偿费用是否足够替代失去的财产？ 3. 是否有足够的符合标准的替代土地？ 4. 迁移和移民付款是否包括上述这些费用？ 5. 收入替代是否允许重建企业和恢复生产？ 6. 受影响的企业是否获得足够的协助去自己重建？ 7. 是否向脆弱群体提供创收的机会？这些机会是否有效和可持续？ 8. 提供的工作是否恢复项目以前的收入水平和生活水平？
受影响人的满意程度	1. 受影响者对移民步骤和权利知道多少？受影响者知道他们的权利吗？ 2. 他们知道这些（移民步骤和权利）是否已经达到要求了吗？ 3. 受影响人如何评估他们自己的生活标准和生计已经恢复的程度？ 4. 受影响者知道多少有关申诉程序和解决冲突的步骤？

续表 6-2

监测指标	指标依据
移民规划的有效性	1. 受影响者和他们的财产是否正确地列出？ 2. 有任何土地投机者获得协助吗？ 3. 时间表和预算足以达到目标吗？ 4. 权利是否太慷慨？ 5. 脆弱群体是否确认和获得协助？ 6. 移民实施者如何处理未预见的问题？
其他影响	1. 是否有非故意的环境影响？ 2. 是否有对就业或收入非故意的影响？

6.5 受影响者参与监测、审查和评估

在监测和评估过程中，受影响人和安置区居民的参与可以解决在移民实施中产生的许多日常问题。受影响人、当地社区组织应该参与监测、审查和评估。参与性评估通过关键者参与评估设计和实施有助于促进方案的实施。参与性快速评估的方法鼓励受影响者和其他主要利益相关者参与移民监测和实施。参与性评估有六个步骤，分别是：决定参与的程度和性质、准备评估工作范围、通过小型讲习班进行小组计划会议、进行评估、分析资料和就结果达成共识、准备进一步的调节计划（如果需要的话）。在参与式评估过程中，以下 6 个方面是非常重要的，要特别注意。

参与式评估过程中的注意事项

（1）采访主要信息提供人。选择对移民活动和实施具有特别知识或经验的当地领导人、村庄工人或其他人。

（2）核心问题小组讨论。不定时小组会议讨论专门性主题（如土地补偿付款、移民区的服务、收入恢复、性别问题）。

（3）社区公共会议。在移民地举行公开公共会议，以获得有关各种移民活动成绩之信息。

（4）结构化直接观察。对移民的实施情况进行现场观察，为了交叉检查，再进行个人或组织采访。

（5）非正式调查/采访。采用非抽样的方法，对受影响者、安置区居民、村庄工人、移民职员和实施机构人员进行非正式调查。

（6）深入的案例研究。研究来自各种社会阶层的受影响者和安置地社区，以评估移民的影响。

6.6 案例分析

巴彦淖尔市水环境综合治理项目征地补偿与移民安置外部独立监测报告(Ⅳ)

巴彦淖尔市水环境综合治理项目涉及土地征收及移民安置有7个子项目,分别为:(1)乌拉特后旗加工园区再生水供水工程,(2)乌拉特后旗加工园区(呼和镇)污水处理工程,(3)甘其毛都口岸加工园区再生水供水工程,(4)甘其毛都口岸加工园区(德岭山镇)污水处理及回用工程,(5)三排干再生水供水工程,(6)七排干再生水供水工程,(7)乌拉特前旗加工园区(先锋镇)污水处理及回用工程。乌梁素海综合治理项目主要是临时占地和租用集体苇田。根据《移民安置行动计划》,工程需永久占用各类土地753亩,其中耕地190.5亩,建设用地165亩,未利用地397.5亩;临时占地2839.25亩,其中耕地253.55亩,未利用地2585.7亩。

6.6.1 征地情况

项目共永久征用土地798.05亩,超过《移民安置行动计划》40.05亩,其中集体土地362.55亩,国有土地435.5亩。临时占地247亩,远远低于计划,这主要是因为两个尚未开展移民工作的供水工程项目计划有较多的临时占地,另外乌拉特后旗加工园区再生水供水子项目的土建工程尚未实施,而甘其毛都加工园区再生水供水工程的临时占地工作才刚开始。

本报告期内,项目新增临时占地78.9亩,其中耕地34.6亩,受影响单位为牧羊海牧场,由甘其毛都再生水供水工程引起。截至2014年6月30日,在7个子项目中,除了三排干及七排干2个再生水工程项目的移民工作,因项目调整将要取消外,其余5个子项目已经全部完成厂区土地征收工作,分别为乌拉特后旗加工园区再生水供水工程、乌拉特后旗加工园区(呼和镇)污水处理工程、甘其毛都口岸加工园区(德岭山镇)污水处理、甘其毛都口岸加工园区再生水供水工程及回用工程以及乌拉特前旗加工园区(先锋镇)污水处理及回用工程。

资金的拨付及使用情况如下:本期甘其毛都再生水工程临时占地补偿共计9.49988万元,已经全部支付给受影响人,补偿标准不低于移民安置行动计划的要求。截至2014年6月底,项目共支付移民补偿费571.26948万元,其中征收集体土地补偿费236.0025万元,占用国有土地补偿费281.0996万元,临时占地补偿费54.16738万元。

移民安置,截至2014年6月底,补偿费均已发放到受影响单位/人手中,补偿标准不低于《移民安置行动计划》的标准。因此,受影响农户生计能够恢复,对移民安置比较满意。

移民安置工作中的公众参与。在该项目的准备和实施过程中,项目办及项目业主及实施单位按照移民行动计划中关于公众参与的要求,进行了较为广泛的社会动员,如征地公告、征地听证及与受影响人进行征地数量确认等,移民基本了解项目的概况、相关的征地补偿政策和移民的合法权利及对移民安置工作不满时,如何表达不满和申诉、申诉的渠道等等。截至目前,没有收到移民抱怨申诉的情况。上述情况表明:该项目的移安置的公众参与工作做得较好。

6.6.2 项目中期调整及其对征地拆迁和扶贫工作的影响

本项目于2009年7月由国家发改委列入国家利用世界银行贷款2010—2012财年世界银行贷款备选项目规划,并报经国务院批准。经过项目鉴别、准备、预评估,于2010年10月完成正式评估,这说明项目立项的所有文件都完成于2009—2010年。然而自2010年以来中国经济发生了巨大的变化,当时立项的依据与现在相比也相应地发生了很大的变化。

因应对全球金融危机,中国政府于2008年11月推出四万亿经济刺激计划,使中国的经济于2009年下半年率先复苏,造成对煤电油的需求激增。内蒙古地区能源资源丰富,煤电油价格的上涨,促使内蒙古经济迅速发展,各地纷纷建设工业园区,以便吸纳更多的企业进驻。在这样的经济背景下,巴彦淖尔地区的工业园区发展迅速,造成对污水处理和用水的需求大增,本项目的设计和实施正是对这种需求暴涨的响应。

但是,自2013年初以来,中国政府开始采取比较稳健的经济发展政策:不推出刺激经济的政策、去杠杆化、推行结构改革。以能源—重化工为支柱产业的内蒙古经济受到了很大的冲击,巴彦淖尔市也不能幸免。已经进入工业园区的企业因结构调整和市场需求萎缩而无法扩大生产规模,即将进入园区的企业在新的经济形势下不得不延迟或取消建设计划。因此,无论是污水处理还是再生水的供应,市场需求大大萎缩,不得不对项目的某些内容进行中期调整。

6.6.3 项目中期调整

三排干再生水供水项目。属于"再生水厂"的内容之一,原计划通过对三排干和杭锦后旗工业园区污水处理厂排出的废水进行处理后且达到国家相关规范后,用于园区各用水户生产之用。目前,杭锦后旗工业园区是发展以农畜产品精深加工为主的绿色仪器加工业和特色产业,再生水的水质无法满足其要求。五原县工业园区已经由当地政府引进其他企业实施供排水工程(已经与政府签订了协议,但是未实施),

可研报告中三排干和七排干再生水供水项目目前已经没有用水市场。

结合杭锦后旗和五原县加工园区发展现状,经实地调查,前模板认为将三排干和七排干再生水供水工程从项目中取消是必要的,符合目前的实际情况。目前,项目办已经和杭锦后旗、五原县政府进行了商谈,并正式向杭锦后旗和五原县政府发出了关于取消上述两个再生水供水工程的函,杭锦后旗和五原县政府也表示同意取消两个再生水供水工程,并且会以正式的文件进行回复。

乌梁素海综合整治项目可以分解为四个子项目,即乌梁素海西岸生物过渡带人工湿地建设工程、网格水道系统与底泥利用工程、堤坝生态护坡与防渗工程、农田退水污染控制示范项目。

农田退水污染控制示范去年已经基本完成,目前只是向更大的范围推广。网格水道系统今年底完成,开挖网格水道产生的大量底泥,因其上下层不能分开,只能用挖泥船一起挖出;加之运输费用的成本太高,无法外运到田间地头,只能堆放在附近的湖里。这两个原因使得底泥无法按照原来的设计用于中低产田的改造。

人工湿地建设工程中要取消塘系统。原因是:可研中计算进入湿地生物过渡带系统的水量按照全年入乌梁素海的总水量计算和按照最低污染物浓度计算的污染负荷过大,现行情况近年监测数据也远小于当时数据,进入的污染量远小于原来的设计数据,按照现实的运行需要湿地处理的水量远也小于原来设计的总量,经重新核算只建设湿地系统完全可以满足原来要求污染物的消减量和水质目标,没有必要再建专门的塘系统进行处理,塘系统的投资也很大。

堤坝生态护坡与防渗工程是要取消提水泵站,其原因是目前乌梁素海乌毛计闸下退水沟道清淤工程完成,退水入黄河的提水泵站已建成投入运行,水位可以按照国家和自治区批复设计水位控制,因此,从建设成本和运行成本和效益的最优化考虑取消提升泵站,依靠自流排水。

6.6.4 对征地拆迁和扶贫的影响

根据《移民安置行动计划》,三排干再生水供水工程共需征收集体耕地 38 亩,临时占用耕地 99.15 亩、未利用地 142.5 亩,七排干再生水供水工程共需征收集体未利用地 37.5 亩,临时占用耕地 130.2 亩、未利用土地 451.5 亩。取消这两个再生水供水工程将避免这些土地的征收和临时占用,减少项目的负面影响。

根据《乌梁素海综合治理项目扶贫开发行动纲要》,乌梁素海上层沉积物中的有机物和营养盐含量较高,适合用来改良河套地区的盐碱土壤。下层的底泥主要是乌梁素海形成时的沉积泥沙,有机物含量低,可用于生态过渡带人工湿地中导流堰、分水坝以及围坝等修筑工程,剩余的底泥可用于后期乌梁素海海堤加固工程,据估算所有泥量可消耗完毕。但在实际实施中,上下两层是无法分开的(上层约 30~40 厘米是腐质层,下面是底泥),改良中低产田,增加农作物产量的计划将无法实施,可能会对部分当地农民收入提高产生一定的影响。

人工湿地中塘系统的作用是稳定水位,滞留水体。将污水先经沉淀塘沉淀,然后流入稳定塘与芦苇带交替布置的区域,在必要的地带可采用基于风能的曝气增氧措施,用于提高冬季冰封期的污染物去除率。根据可研报告,塘系统对苇田利用产生两种影响:一是必须要租赁苇田,以整合外围的苇田作为人工湿地生物过渡带;二是可扩大养殖面积1 000亩,满足鱼类越冬要求,适宜引入名贵鱼种。

但在苇田租赁上存在以下问题:

(1) 职工和群众对芦苇生产状况和市场情况认知是充分的。目前由于受到经济大环境不利影响,造纸行业景气度和效益下滑,对作为造纸原材料的芦苇的经营造成了冲击,反映在生产成本增加,销售价格和"交售得率"双双下降,导致经营者经营活动遇到了目前暂时经营性困难,如果长期承包会遇到承包价格偏高的问题。

(2) 在二轮土地承包过程中,上述苇田涉及的部分群众基本没有耕地,全部依靠苇田作为经济收入来源,如果承租金偏低,容易诱发社会矛盾;承租金偏高,则世界银行项目组不接受,公司负担也将加大。

(3) 村社的苇田基本由农户进行经营管理,管理不到位,土地纠纷多,比较零散,在统一整合租赁时需走村入户,协调工作难度较大,同时因土地面积不实容易引发土地权属争议。

(4) 由于各地芦苇生长情况、土地情况有所差异,在制定租赁合同时应该区别对待。但是这样做职工群众容易产生互相攀比心理,认为合同标准不统一,责、权、利不对等,显失公平,进而出现拒签合同、上访等现象。

塘系统的取消,避免了苇田的租赁利用,不仅节省了大量租金,而且避免了社会矛盾。

水质不佳和技术管理上的问题是近几年制约着乌梁素海水产养殖业发展的主要因素,水面利用一直不充分。塘系统的取消虽然无法再扩大水产养殖面积,但现有水面完全能够满足水产养殖业的进一步发展,UNDP项目的实施,将在技术和管理上给予帮扶,足以弥补塘系统取消对水产养殖业带来的负面影响。

堤坝生态护坡与防渗工程中取消提水泵站,对扶贫工作没有实质性影响。

第 7 章 少数民族发展行动计划

> ESS7 致力于通过确保世界银行资助项目提高"土著民族"机会来推动贫困减缓和可持续发展,并以不危及特定群体文化认同和福祉的方式保障其参与发展进程并从中获益。
>
> ——《环境与社会框架》

7.1 世界银行少数民族政策的应用

世界银行 ESS7 土著民族政策的应用,主要是在项目的准备和实施阶段。涉及少数民族的世界银行资助项目,在其准备阶段要求实施以下的步骤:

世界银行通过筛查来确定是否有少数民族社区在设定的项目区内,或他们集体性依附于项目区,如果有这种情况(而且这些少数民族符合世界银行土著民族的界定),则 ESS7 适用,要准备下一步工作。

贷款方开展少数民族社区社会影响评价活动——评估项目对少数民族社区和人口潜在的正面和负面影响以及与其传统和文化的兼容性。如果项目存在重大的负面影响,贷款方需要审查项目的替代方案。社会影响评价分析的广度、深度和类型应与所建议的项目对少数民族潜在影响(无论是正面的还是负面的)的性质和规模大小相适应。为了开展社会影响评价工作,贷款方需要聘用资质和经验为世界银行认可的社会科学家,提交的任务大纲也要为世界银行所接受。社会影响评价的开展更要鼓励少数民族社区和当事群众的参与。具体社会评价细节可以参考本书第四章"社会影响评价"部分。

贷款方与受影响的少数民族社区进行无约束的、前期知情的对话协商,以充分了解少数民族的意见,并确保取得少数民族社区对项目的广泛支持。这种协商活动应采用符合少数民族社区社会和文化价值及当地情况的方式进行,并在项目的各个阶段都应保持。

贷款方在社会影响评价和协商的基础上,着手制定项目的《少数民族计划》,或者制定《少数民族规划框架》等文本(在项目准备和评估阶段具体项目活动或项目区尚不能确定或与具体少数民族社区的关系尚不能预见的情况下，制定此框架）。

在世界银行审查《少数民族计划》或《少数民族规划框架》之后，贷款方对少数民族社区和当事人，以及对公众公布《少数民族计划》或《少数民族规划框架》。世界银行也要同时在其信息中心对外公布这些文件。

《少数民族计划》或《少数民族规划框架》文本将是项目准备的结果之一。这些文本在批准后便是项目的法律文本，代表世界银行安保政策 OP4.10 的具体落实，在项目的实施过程中要认真执行。贷款方项目办（PMO）有责任对《少数民族计划》的实施进行内部、外部监测，世界银行也要进行定期检查。

在 ESS7 政策的应用落实的过程中，有两个关键点。第一是要求与少数民族社区开展无约束的、前期知情的协商参与的过程。这个过程实际上是项目社会影响评价的一部分，是决定项目给当地带来可能的和适宜的变化的基础，凭此也才能确保少数民族社区对项目的广泛支持。第二是设立《少数民族计划》。这是执行 ESS7 安保政策的法律文本，是政策应用的体现，也是安保政策落实的依据和保证。以下对此两点的过程特点略加阐述。

有效协商，知情参与：这样的描述应该是"与受影响的少数民族社区开展无约束的、前期知情的协商"过程的基本性质。它是指在对项目的准备和实施进行有意义和良好诚意的协商及知情参与的情况下，所开展的文化上合适的集体决策过程。这种协商过程是需要一些特定的方法论的。首先要能够建立合适的对话框架，包括参与者、时间、地点、方式的设定，这要以当地少数民族所使用的语言和所熟悉认可的形式来决定。通过这种方式来组织当事群众可以发表意见的会议，记录对话结果，指明项目将如何回应当事群众的观点，如何制定确保他们自始至终参与项目的机制。只有采用这样使用少数民族语言、留出时间取得共识及选择合适的场所的咨询方法，方可以帮助和使得少数民族清楚地表达他们的意见及偏好，才能够真正做到"有效协商，知情参与"。

《少数民族计划》：ESS7 政策文本介绍了《少数民族计划》的编制和内容。这里只是强调其中的关键点。《少数民族计划》的制定要灵活、务实，其详细程度依具体项目内容及需要处理的项目影响的程度而定。在它的诸多要素中，有两点应特别关注夯实，因为它们能体现政策的真正落实。第一点是建立少数民族参与项目全过程的总体框架。它是基于少数民族社区无拘束的、前期知情的参与的实施，由项目的社会影响评价分析而设计出来的。它能确保少数民族社区对项目的拥有感和对项目管理和实施的参与。第二点是设立确保少数民族得到与其文化上相适应的社会和经济利益的措施行动计划。行动计划设计的行动和措施，既可以是针对少数民族社区的单独的活动，也可以联系统一的项目活动，还可能争取项目外的支援。国家和地方都会有对少数民族地区发展的倾斜政策和扶持措施，这些应当争取能和项目活动配合发力。

总之是要尽一切方法帮助少数民族社区从项目受益并与项目共同发展。

7.2 编制少数民族发展行动计划的目的和宗旨

少数民族发展行动计划主要目的有：其一，保证少数民族从发展项目中受益；其二，避免或减少世界银行资助活动可能给少数民族造成的不利影响。当世界银行投资项目涉及因社会地位所限无法维护其土地和其他生产资源方面之权益的少数民族或其他人群时，有必要采取特别行动。世界银行对待少数民族的总体目标，和对待其成员国全体人民一样，都是要保证发展进程对他们的尊严、人权和文化特色的尊重。具体而言，就是要保证少数民族在发展进程中，特别是在实施世界银行资助的项目过程中，不致受到负面影响，反之能享受到符合其文化特性的社会和经济利益。

在发展项目中，编制《少数民族发展行动计划》并非只是世界银行的要求，亚洲开发银行（亚行）同样有类似的要求。亚行注意到，少数民族人民的社会经济状况和生活质量通常要低于主流人口。在充分承认借贷国主权的同时，亚行认为有责任保证少数民族的均等机会，以及对发展中成员国的行动与援助不会对少数民族的文化、生活和利益产生负面影响。亚行援助项目有可能对项目所在地的少数民族产生潜在的不利影响，因此亚行要求借贷方制定《少数民族发展行动计划》，以确保项目实施过程中符合亚行的《土著民族政策》。

世界银行的宗旨是：为解决与少数民族有关的问题而采取的战略必须以少数民族本身的知情参与为基础。因此，通过直接协商确定当地意愿，在项目实施方案中吸收少数民族的经验，在适当的时候使用有经验的专家，都是那些涉及少数民族和涉及他们对自然资源和经济资源的权利的项目所面临的中心任务。特别是在处理最孤立的人群时，如果负面影响不可避免而又不拟订充分的照顾计划，则必然会出现问题。在这种情况下，借款国必须制订适当计划并经世界银行审查后，世界银行才能对项目进行评估。在一些项目中，少数民族愿意并且可能参与发展进程。因此，要动员少数民族参与，并制定相应的措施，使少数民族以其文化适应性的方式从项目中受益总之，借款国必须采取一系列经济行动，以保证少数民族从以发展为目的的投资中获益。

一旦确认需要编制《少数民族发展行动计划》，在项目实施阶段对《少数民族发展行动计划》的监测以及在项目竣工后对该计划实施情况及其效应的评估就必不可少。少数民族发展行动计划监测评估的原则包括：周期性地调查、了解和评价少数民族发展行动计划实施的情况；准确地进行数据采集和资料分析，保证监测评估结果的准确性；科学、客观、公正地评价少数民族发展行动计划的实施情况；及时地向项目业主和世界银行报告，使其能及时了解项目的进展并进行科学决策。

少数民族发展行动计划监测评估的作用，在于跟踪监测项目少数民族发展行动计划的实施进展，动态评估少数民族发展行动计划的适宜性，为项目业主、少数民族发展行动计划实施机构和世界银行项目管理提供决策支持。通过连续不断的监测和对监测结果的评价，确定少数民族发展行动计划实施活动是否遵循了计划；对未能按照少数民族发展行动计划实施或实施不完善的活动，则要提出补救建议。通过监测评估，检查少数民族发展行动计划是否满足实施的需要，如有不当，则要及时提出调整建议。

7.3 少数民族发展行动计划编制与监测评估的工作步骤

7.3.1 与少数民族相关问题的识别

任何一项世界银行的发展项目都需要做社会影响评价，社会影响评价识别出项目的受益者和利益可能受损的群体。社会影响评估同样识别出人们的需求、要求和能力，以及对项目有决定性的影响因素，比如非自愿移民、贫困恶化、人的发展、社会性别与发展和脆弱群体。在这些因素中，少数民族将是社会影响评估过程中需要特别关注的群体。在整个项目过程中，社会影响评估需要尽早开展，在项目的准备期就要做并与其他报告一并提交世界银行，以确保在项目设计中所有相关社会变量都被纳入考虑之中。

如果社会影响评估中认为少数民族将可能受到世界银行项目的显著影响，或者少数民族因为其社会或文化因素而在外部干预（比如项目）中处于弱势或表现出脆弱性，一项关注少数民族及其需求的、特定的少数民族发展行动计划就是必需的，而且要设定相应的周期和提供专项资金。对于"显著影响"的界定，将以世界银行的相关规定为指引。在项目鉴别阶段的少数民族分析，应基于以下几个问题和活动：项目受益者中，少数民族的人口构成状况如何？他们的社会文化特征和农业生产模式如何？判断项目是否会对少数民族产生较大的影响，是否有负面影响？确定是否要编制少数民族发展行动计划或者制定其他措施？

社会影响评估是一个识别人群的过程，这些人群可能会因为一个项目或特定的社会层面之影响。因此，少数民族发展行动计划必须将焦点集中在少数民族受影响和在对他们而言具有重要性的特定社会经济因素之上。社会影响评估将在项目特殊的情境中去界定和识别少数民族群体，在界定和识别时要考虑所有相关因素，包括生活社区的特殊性、国家的法律和政策和其他因素。即便少数民族发展行动计划中不需要干预措施，少数民族所处环境和需求仍将在社会影响评估中被予以充分考虑。

少数民族主要问题清单

（1）项目是否穿过或影响少数民族聚居地区，是否有少数民族在项目中受到直接或间接的影响？

（2）少数民族的居住是怎样的？是否定居在任何特殊的行政区？是否与其他族群混合居住？与其他民族的融合情况如何？

（3）少数民族有他们自己的代表吗？

（4）拥有使用自己的语言吗？有民族特有的区别于主流群体的文化吗？

（5）少数民族有主要的宗教吗？有主要的宗教中心（例如，寺庙）吗？有节庆文化吗？

（6）少数民族内部的性别关系是怎样的（包括劳动力的性别区分，男性和女性的对于基本服务、经济机会、自然资源、公共事务的参与）？

（7）国家和当地政府对于少数民族的政策是什么？

（8）该地有国家或当地政府机构执行国家的少数民族政策吗？如果有：

——在今后几年里，对于少数民族的主要计划是什么？

——曾实施过的少数民族政策和计划有哪些？效果如何？

——当地少数民族事务中的主要问题是什么？是否会影响到项目？

（9）项目对少数民族预期的积极影响和消极影响有哪些（包括社会、文化、经济、环境影响）？

（10）有哪些少数民族发展和减轻负面影响的计划和活动？发展计划和减轻活动的具体措施是什么？

（11）执行少数民族发展计划和/或减缓活动中的机构和组织，主要任务和在计划、管理和监测发展和/或减缓活动中的责任是什么？

（12）少数民族对参与渠道和方式，有没有不满申诉的渠道？

7.3.2 编制少数民族发展行动计划

世界银行项目一旦可能对少数民族产生不利和显著影响，世界银行就会要求项目业主提交少数民族发展行动计划。除了界定少数民族人群和相关社会因子外，一项少数民族发展行动计划必须包括针对受影响少数民族采取的特殊政策和措施，必须设计消除或减缓消极影响或是包含补偿性措施的计划，而且补偿性措施也不应只是尽力避免或减缓项目消极影响的替代。少数民族发展行动计划将成为项目的一个重要基础，以实施、监测和评估如何在项目整个周期中处理少数民族的相关事务。少数民族发展行动计划的设计中必须包含一些特定内容和规定：计划的可持续性和操作问题，以附录的形式呈现计划在编制过程中考虑的关键因素。

世界银行在要求提供少数民族发展行动计划之前,必须告知项目业主或其他项目发起者世界银行关于少数民族的政策。可能受项目影响的大致人口数目及其所在位置应予以确定,并在项目地区的地图上标明。任何受影响人群的法律地位问题也应加以讨论。项目经理应了解有关政府机构及其对拟议中的项目所涉及的少数民族有什么样的政策、程序、方案和计划。项目经理还应提出必要的人类学研究以识别当地的需要和意愿,在"项目执行摘要初稿"中反映少数民族问题和项目总体战略。

准备少数民族发展行动计划的义务应为世界银行、项目业主或项目发起者所接受。少数民族发展行动计划应在翔实调查的基础上编制,并应该由项目业主提交给世界银行。编制少数民族发展行动计划的费用是整个项目经费的一部分,计划的实施应该贯穿整个项目周期。世界银行将从以下几个方面为项目业主提供必要和合适的支持:(1)协助完成少数民族发展行动计划的编制和实施;(2)协助制定与少数民族相关的政策、策略、法律、规定和其他特殊行为;(3)为增强负责少数民族发展行动计划编制和实施机构的能力提供技术支持;(4)如果需要,为项目业主推荐适合承担少数民族发展行动计划编制、监测评估的有资质的单位或机构。在所有项目中,少数民族发展行动计划都应该在项目评估之前完成。人类学家和在少数民族问题上具有专业知识的当地非政府组织如果能够早期介入,对于确认有效的参与机制和当地发展机会是十分有利的。

少数民族发展行动计划的前提

(1)项目设计的关键步骤是:在充分考虑受项目影响的少数民族的意愿基础上,制订出一个文化上相适应的发展计划。

(2)调研工作应尽最大努力预测项目可能带来的负面效应,并且提出避免和减少危害的办法。

(3)负责政府与少数民族交往的机构应具备实施拟议中的发展活动所需的社会、技术和法律能力。实施方面的安排应该简单,并应适当吸收在处理少数民族问题方面有专业经验的现存机构、当地组织和非政府组织参与。

(4)在制订计划时,应照顾到当地社会组织、宗教信仰和资源使用的格局。

(5)发展活动应支持与少数民族的需要和环境高度适应的生产体系,使受到压力的生产体系达到可持续的水平。

(6)计划应避免造成或加大少数民族对项目实施的依赖性。计划制订时应规定将项目管理及早移交给当地人。如果需要,计划应规定从项目开始阶段即对少数民族开展普及教育和管理技能的培训。

(7) 一个成功的少数民族计划往往需要较长的准备期,也需要安排内容周全的后续行动。边远和偏僻地区因缺乏经验,往往需要进行更多的调查研究和试点方案,以便将计划制订得更加完善。

(8) 如果项目中已有行之有效的计划,世界银行可以提供资金加强现有计划,而不是另外制定全新的方案。

含少数民族发展行动计划应在项目评估之前和整个项目可研报告一起提交世界银行,评估时可确认该计划是否全面,其政策和法律框架是否适宜,负责实施该计划的机构是否得力,以及拨给的技术、财政、社会资源是否充分。评估组应对少数民族是否充分参与了该计划的制订进行认可。少数民族发展中行动计划应该包括行动纲要,其中的显著议题将被纳入报告草案和行长报告之中,并在管理评审会议中被考虑。

一旦少数民族发展行动计划得到世界银行批准,反映上述计划的操作性指导方针和详细的实施计划就需要准备。这些工作完成后,世界银行关于少数民族发展行动计划的意见就会下达。世界银行的项目团队将为与少数民族相关事宜提供持续的建议和帮助。

少数民族发展行动计划框架纲要

(1) 导言

简要说明申请世界银行融资的项目、子项目或组成部分,并说明为什么有些子项目的少数民族发展行动计划不能在项目评估前完成。

(2) 目标和政策框架

——明确知道少数民族发展行动计划准备和实施工作的原则和目标,并标明它们和世界银行的要求一致。

——考察适用的国家法律、条例和《环境与社会框架》,并说明协调政策差别的措施。

——说明树立和筛选项目组成部分、项目和子项目的标准。

(3) 确认受影响的少数民族

——说明项目如何应用世界银行《环境与社会框架》的确认少数民族群体的标准。

——提供最可能受到项目和子项目影响的少数民族的信息。

——说明项目和子项目对少数民族潜在的正面和负面影响。

(4) 子项目和/或项目组成部分的社会影响评价和少数民族发展行动计划

制订对子项目和/或项目组成部分实行社会影响评价的计划,以及对以下事项的要求和日程安排：

——梳理和分类。

——制订少数民族发展行动计划。

(5) 协商和参与

简要说明在准备和实施子项目各阶段与受影响的少数民族进行有效协商的机制和策略。对那些需要得到广泛同意的项目活动，还要概述如何将协商过程和机制编制成文件，以确定该项目活动得到了所需的广泛同意。

(6) 信息发布

概述信息发布的安排，如需要向受影响的少数民族和公众发布的信息，以及发布信息的方法和形式。

(7) 申述机制

为受影响的少数民族群众提供符合其文化传统和性别敏感的申诉机制。

(8) 制度和实施安排

说明制度安排，包括进行梳理和分类、社会影响评价，以及制订少数民族发展行动计划和监测等必要的能力建设。

(9) 监测和报告

确认监测和报告的适当机制和基准。

(10) 预算和资金来源

提供概括性预算，确认资金来源，以及分配、批准和拨付资金的责任，包括预备费的安排。

7.3.3 少数民族发展行动计划的监测评估

监督计划应规定，在项目实施阶段的世界银行检查团应包括具备人类学、法律和技术方面的专家。项目经理和专家必须进行现场考察。中期检查和最后评审时应对项目进度进行评价并提出必要的改进措施。

在少数民族发展行动计划的实施过程中，项目业主或项目实施单位要定期提交内监测报告，还要聘请外部监测和评估机构并由他们提交外监测评估报告。如果是一项农村灌溉项目，少数民族发展行动计划的监测与评价主要关注以下几个问题：用水者协会中少数民族参与的情况；施工期间为少数民族群体提供的就业机会；开展的培训活动以何种语言进行，少数民族群体参与的情况；少数民族家庭种植经济作物的情况等等。在项目实施过程中，应当与少数民族成员直接沟通，征询他们对减缓消极影响、认为最符合其生存状况或文化价值观的策略或措施等。

少数民族发展行动计划的监测与评估

内部监测是项目内部管理的重要组成部分,目的在于总体把握少数民族发展行动计划实施的状况,通过建立和使用少数民族发展行动计划管理信息系统,收集、分析和共享少数民族发展行动计划的进展、资金的使用情况和具体政策措施的落实情况,发现存在或潜在的问题,分析原因,并提出解决问题的对策建议。

外部监测评估也是项目管理的重要组成部分,目的在于跟踪监测和客观评估少数民族发展行动计划的实施情况,帮助世界银行、项目业主和少数民族发展行动计划实施机构更全面地了解计划实施进度、资金使用和相关政策措施落实情况、重点监测计划的执行情况、少数民族发展行动计划实施机构运行的情况以及少数民族参与、协商和信息公开的情况等。通过监测,评估少数民族发展行动政策的适宜性,评估计划的实现程度,评估相关机构的工作效率,甄别业已存在的问题和潜在问题,并就相关问题提出建议或预警,避免少数民族发展行动计划未有效实施或实施后达不到预期计划。

7.4 少数民族发展行动计划的内容

发展计划的制订与主要投资的准备应齐头并进。在许多情况下,为了适当保护少数民族的权益需要在项目最初规定的目标之外,再实施若干特别的项目内容。此类内容可以包括与健康、营养、生产性基础设施、语言文化保护、享用自然资源及教育等有关的活动。为少数民族发展实施的项目内容视需要应包括下列各项:

法律框架:(1) 本业务导则覆盖人群在该国宪法、法规和辅助法规(规章、行政命令等)中所反映的法律地位;(2) 该人群有无能力享受并有效利用他们所占有的土地,保护其免受非法侵入,并能享用其生存繁衍所必需的自然资源(如森林、野生生物、水源)。

基本资料:(1) 项目所涉及地区和少数民族栖息地区的最新精确地图及航空摄影照片;(2) 当地人口社会结构和收入来源的分析;(3) 少数民族所用资源的清单及其生产体系的技术数据;(4) 少数民族与当地群体和国家主流群体的关系。基本资料的调研应全面掌握少数民族从事的生产和销售活动,此点尤为重要。对于二手资料,应有合格的社会技术专家进行现场调查,加以核实更新。

当地参与的战略:应制定实施一些机制,保证少数民族在项目的计划、实施和评价的全过程都能参与决策。群体较大的少数民族大多有他们自己的代表组织,可以提供有效的渠道,反映当地人的意愿。传统的领导人在动员人民方面占有举足轻重的地位,应吸收他们参加计划制订工作,同时应适当注意确保少数民族有真正的代表性。但是,没有任何现成的方法能保证基层一级的充分参与。为了拟订适合项目地区情况的办法,往往需要采纳区域环境局(RED)提供的社会学方面和技术方面的咨询意见。

发展活动和减缓活动的技术识别:技术建议应有世界银行接受的合格专业人员通过现场调查后提出。建议提供教育、培训、健康、信贷、法律援助等项服务时,应编写详细的介绍,并应通过评估。对生产性基础设施方面计划提供投资时,应附加技术说明。借鉴少数民族经验的计划往往比完全采用新原理和新体制的计划更能顺利实施。

机构能力:负责少数民族工作的政府机构往往能力不强,对这些机构的工作记录、设备能力和需要进行评估是一项根本要求。需要通过世界银行援助加以解决的组织机构问题包括:(1)是否具备投资活动和现场工作所需资金;(2)有经验的专业人员是否足够;(3)少数民族自己的团体、当地行政当局和非政府组织是否有能力同专业化的政府机构打交道;(4)执行机构是否有能力调动其他机构参与项目的实施;(5)现场能力是否充足。

实施进度:项目内容应包括一个实施进度表,列明时间基准,以便定期检查进度。往往需要安排试点,以便提供规划信息,使有关少数民族的项目内容同主要投资项目进度步调一致。该计划应使项目活动在资金全部支付以后仍能长期持续发展。

7.5 案例分析

世界银行贷款新疆职业教育项目《少数民族发展行动计划》

"世界银行贷款新疆职业教育项目"的主管单位是新疆维吾尔自治区教育厅,实施单位包括新疆工程学院、新疆农业职业技术学院、新疆轻工职业技术学院、新疆维吾尔医学专科学校和乌鲁木齐职业大学。项目设计皆以提高项目实施学校职业教育质量为中心,建设内容中学校改革活动包括校企合作创新、课程教学评价改革、打造高水平教学团队和管理团队、服务地方社会和改善办学条件五个方面。项目的建设周期为五年(2015—2020年),总投资60 760万元。世界银行贷款5 000万美元,占项目总投资的51%。国内配套资金29 760万元,占项目总投资的49%。

7.5.1 项目背景

长期以来,高技能人才规模较小、比例较低一直是制约新疆经济社会发展的关键因子,也是造成新疆与中国其他地区发展差距的重要原因之一。因此,高技能人才培养是新疆经济社会发展的重要基础,而少数民族高技能人才的培养是其中的重中之重。少数民族高技能人才的培养还是促进少数民族社会发展、提高少数民族人民群众生产生活水平的重要前提,也是巩固和发展新疆平等团结互助和谐的社会主义民族关系的重要路径。我们要时刻铭记,在新疆这个少数民族比较集中的地区,地区经济社会发展离不开少数民族社会的参与,必须包括少数民族社会的发展。因此,新疆高等职业教育负有培育少数民族高技能人才、促进少数民族社会发展的历史使命。"世界银行贷款新疆职业教育项目"不仅要提高新疆高职院校整体办学质量、推动职业教育均衡发展,还必须确保项目实施学校的少数民族师生充分地从项目中获益并实现自身的发展。为实现这一目标,就必须在实地调查基础上编制《少数民族发展行动计划》。

为了确保五所项目实施学校少数民族师生群体能够从项目中获益,2014 年 7 月自治区项目办聘请了一支有经验的地方咨询团队承担项目的社会评估和少数民族发展行动计划的准备工作。少数民族发展行动计划以五所学校少数民族师生群体广泛的咨询为基础,包括小组讨论、利益相关者访谈和抽样调查,也包括了一部分二手数据。基于咨询的结果及收集的数据,咨询团队做了如下分析:项目学校师生群体的社会经济概况;少数民族政策框架;项目受影响人群尤其是少数民族师生群体对项目的态度、观点、担心、建议。在此基础上,一系列具体的措施(包括每所项目学校在内)被提出来,旨在保证受影响人群的各种关注得到落实,并确保受影响群体可以平等地分享项目利益。一些措施被作为项目活动纳入了项目设计。五所项目实施学校拟投入资金 3 067.15 万元,其中世界银行贷款资金 1 071.05 万元,来落实《少数民族发展行动计划》。《少数民族发展行动计划》内容包括:编制少数民族发展行动计划的背景、少数民族师生群体、编制计划的政策框架、公共参与、相关利益群体的态度、发现的问题、建议措施和结论等几个方面。

7.5.2 项目实施学校的少数民族师生群体

五所项目实施学校中,三所位于乌鲁木齐市,一所位于昌吉回族自治州的昌吉市,还有一所位于和田地区的和田市。总的来看,新疆的汉族人口比重为 38.06%,少数民族人口的比重为 61.94%,是一个少数民族人口比重较高的地区。三个城市中,乌鲁木齐市与昌吉回族自治州的少数民族人口比重相对较低,分别为 27.4% 和 26.95%,这与历史上乌鲁木齐市与昌吉回族自治州是新疆汉族人口比较集中的地区相关。在乌鲁木齐市的少数民族人口中,维吾尔族和回族分列前两位。在昌吉回族自治州的少数民族人口中,回族与哈萨克族分列前两位,维吾尔族居第三位。与前两个城市不同,和田地区的汉族人口比重仅为 3.51%,少数民族人口的比重高达 96.49%。少数民族主要以维吾尔族为主,该地区维吾尔族占全区总人口的 96.27%,

这与该地区在历史上就是维吾尔族的聚居区的背景相关。①

五所项目实施学校有少数民族学生 24 670 人，占学生总人数的 44%。2010 年以来，各高职院校，少数民族学生的数量增加了 2～3 倍。少数民族学生在在校学生人数中的比例也进一步增加：新疆农业职业技术学院由 2010 年的 24.4% 增至 43.8%，新疆工程学院由 2012 年的 19.6% 增至 39.5%，乌鲁木齐职业大学由 2010 年的 38.8% 增至 51.2%（2012 年最高曾达 56.3%）。这三所学校少数民族学生的比例都增加了约 20 个百分点，增速相当快。新疆轻工职业技术学院由 2012 年的 22.9% 增至 29.0%，只增加了 6.1 个百分点，是增速最慢学校。2014 年前，新疆维吾尔医学专科学校是 100% 的少数民族学生，2014 年招收了 81 名汉族学生后少数民族学生的比例为 97.6%。少数民族学生中，维吾尔族占绝对多数，其比例达 97.8%。显然，该校学生总人数的增加主要来自少数民族学生的增加。这些数据揭示出，新疆高等职业教育中少数民族学生数量和比例增加已经成为一个普遍趋势。这既反映出相关发展少数民族职业教育政策（比如要求按照 30%～40% 的比例招收少数民族学生）得到了落实，也是对少数民族社会多获得高水平职业教育诉求的回应。

五所项目实施单位少数民族学生贫困生为 18 002 人，贫困生的比例高达 72.9%，主要来自南疆和田、喀什、阿克苏和克州四地州以及北疆阿勒泰、塔城和伊犁等传统牧区。事实上，这两片区域正是新疆最主要的两个贫困带，也是新疆国家级贫困县最为密集的区域。新疆 27 个国家级贫困县中，有 25 个分布在这些区域，占比高达 92.5%。另外，除了新疆轻工职业技术学院外，四所学校少数民族学生的就业率多在 80% 左右，普遍比全校平均水平低了 10～15 个百分点，而新疆轻工职业学院少数民族学生的就业率仅为 38.5%。换言之，与汉族学生相比，少数民族学生就业相对困难。

五所学校中，有 4 701 名少数民族新生需要接受预科汉语教育，约占一年级少数民族学生总人数的 70%。从今后发展趋势来看，预科教育在短期内仍将继续，接受预科教育的学生也可能进一步增加。这有两方面原因：一方面，少数民族学生的规模和比例都在增加，一些学校"民考民"学生数量增长速度较快；另一方面，相当比例的双语学生汉语能力在入学时水平较低，也需要接受预科汉语教育。

5 所项目实施学校教师共有 2 519 人，其中少数民族教师 775 人，占总教师人数的 30.7%。5 所学校中，新疆维吾尔医学专科学院少数民族教师 190 人，占全校教师 236 人的 80.5%。其他四所学校，少数民族教师的比例都在 30.4%（乌鲁木齐职业大学）以下，其中新疆工程学院的比例仅为 23.5%。应该指出，相当比例的少数民族教师在学校后勤等非教学部门任职。5 所学校专任汉语教师为 105 人，占教师总人数的 4.1%。人数最少的是新疆农业职业技术学院，仅为 8 人，占教师总数的 1.9%。人数

---

① 数据来源：《新疆统计年鉴》。

最多的是新疆工程学院，36人，占教师总数的6.3%。预科汉语教学师资不足与少数民族学生快速增长之间的矛盾较为突出，导致预科学生班级规模过大（50~60人不等），师生比多在1∶50至1∶60不等。总的来讲，预科汉语教学严重违背了语言教学规律，不利于少数民族学生的汉语学习。结果是每年少数民族预科生参加自治区统一组织"中国少数民族汉语水平等级考试"（MHK）的过级率仅在25%~30%之间，而且学生汉语听、说、读、写能力普遍较弱。为解决师资不足的问题，各项目实施学校都需要外聘20~30名不等的汉语教师。

7.5.3 政策框架

"世界银行贷款新疆职业教育"项目"少数民政发展计划"的编制以中华人民共和国少数民族的相关法律法规、新疆维吾尔自治区政府的有关条例、世界银行少数民族政策（OP4.10、BP4.10）以及非自愿移民政策（OP4.12、BP4.12）等为依据。主要政策包括中国相关法律法规及新疆维吾尔自治区的有关条例、国家扶持政策、新疆维吾尔自治区的教育发展规划以及世界银行少数民族政策（OP4.10、BP4.10）等。中国的政策与世界银行的政策在一些目标上是一样的，都强调尊重少数民族的尊严、权利、经济与文化传统以及平等发展的权利。在这些地区的少数民族发展行动计划中，世界银行政策核心的关注是通过自由和充分的咨询获得少数民族群体对项目的支持，发展出一系列具体措施避免或最小化潜在消极影响，并提高项目给少数民族社区带来的积极效益。与少数民族社区的咨询过程和详细的计划将在项目的少数民族发展行动计划中记录和呈现。

7.5.4 咨询与公众参与

为实现上述目标，在项目学校师生群体，尤其是少数民族师生群体中开展广泛的咨询是必需的。2013年8月以来，各级项目办通过网络（天山网、亚心网）、专题会议、报刊信息和学校简报的方式向师生群体和社会公布了"世界银行贷款新疆职业教育项目"的相关信息。信息公示达到了预期效果，受访400名教师的知晓率达到99.75%，少数民族教师知晓率达到100%。受访的1731个学生整体知晓率达到96.59%，少数民族学生知晓率达到96.66%。

在社会评估与少数民族发展行动计划中，我们组织了20人（不计学生）组成的调查团队，其中少数民族研究人员7人，女性研究人员5人，运用了问卷调查、访谈、座谈会这几种调查方法。调查的过程也是公众参与的过程，而且有助于进一步提高人们的参与度。共发放问卷2131份，回收2131份，有效率为100%。教师的问卷400份，其中少数民族教师问卷135份，占教师问卷总数的33.75%。学生的问卷1731份，其中少数民族学生问卷688份,占学生问卷总数的39.7%。我们在五所学校共召开座谈会33场,参加座谈会的师生共有292人,其中少数民族117人,占参会总人数的40%。个案访谈共66人,其中少数民族师生访谈51人,占总访谈人数的77.2%。几种调查形式中,少数民族师生的比例略高于几所学校少数民族师生的实际比例,可以较为客观、真实地反映少数民族师生群体的观点和建议。

7.5.5 少数民族师生群体的态度

考虑到项目将从教育体系到硬件条件等诸多方面为项目学校带来提升,五所项目实施学校的师生群体——不分民族——都表达了对项目较高的支持度。问卷调查的结果显示,对项目表示欢迎的少数民族教师为133人,占受访总少数民族教师的比例为98.5%。对项目表示欢迎的少数民族学生为628人,占受访总少数民族学生的比例为91.3%。表示无所谓的少数民族学生为57人,占受访总少数民族学生的比例为8.3%。表示反对的少数民族学生为3个,占受访总少数民族学生的比例为0.4%。这些数据表明,项目设计的各个层面对应支持学校不同方面的发展,将满足他们对发展的需求,也与项目学校师生群体普遍的期待相符。同时,调查也揭示出少数民族师生群体面临一系列问题。要让他们更好地从项目中获益,这些问题需要得到解决。

7.5.6 调查中发现的问题

少数民族师生群体面临的核心问题就是如何增强自我发展能力。对少数民族学生而言,关键是提高汉语学习效果与就业率。对少数民族教师而言,关键是把握各种自我发展机会的能力。这些问题需要认真对待,也需要深入分析问题产生的原因。

问题1:预科汉语教学质量不高,少数民族学生汉语能力提高的困难较多

少数民族预科生在接受一年预科教育后,MHK通过率很难超过30%,而预科汉语教师认为在现有条件下很难有所突破。也普遍存在着"哑巴汉语"的现象,通过MHK考试的学生中仍有约有30%的少数民族学生很难用汉语正常交流。不能通过预科教育快速提高汉语水平,已经成为少数民族学生专业学习和求职就业的最大障碍,严重影响了少数民族学生的个人发展。

造成这一问题的原因是多方面的,按照重要性依次为:第一,预科汉语教学师资严重不足,长期未得到重视和解决,造成学生与教师比和班级规模过大,无法按照语言学习规律进行教学;第二,语音室、多媒体教室等汉语教学条件和设备严重不足,不利于教学方式改革和学生语言学习;第三,语言学习环境不理想,民汉合班、民汉合住、民汉结对子等有利于语言学习的校园环境建设未步入正轨;第四,使用的语言教材不符合少数民族学生语言基础,与专业知识学习相脱节,而且以MHK通过率为唯一准绳——重功利而轻能力;最后,未按照语言基础进行严格的分级教学或是分级教学难以推进,而汉语不达标的双语学生是否接受预科教学无统一的标准和政策要求。

问题 2:少数民族学生就业率相对较低,遇到的障碍较多

与汉族学生相比,项目学校少数民族学生面临的另一问题是就业率相对较低。五所学校少数民族学生的就业率普遍比全校平均水平低了 10～15 个百分点。原因既来自少数民族学生群体的语言能力、就业观念等方面,也来自就业环境和就业政策难落实等方面,按重要性依次为:第一,少数民族毕业生就业观念较为"陈旧",一方面倾向于正在体制内和家乡就业,另一方面对就业薪酬期待过高。当然,这受到了少数民族社会就业观念,以及语言、风俗和习惯差异的影响。第二,实习、实训条件不理想。一些专业没有固定的少数民族学生实习与实训基地,这是因为一些与学校合作的企业出于降低管理成本的考虑不愿意接受少数民族学生实习和实训,制约了少数民族学生专业技能的提高。第三,国家和自治区关于照顾少数民族学生就业的法律法规难落实,企业主动执行相关政策或招收少数民族学生的意愿不强。最后,部分学校开设的就业指导课未考虑少数民族学生的需求,流于形式,没有创新性,学生反映在求职中的作用不大。

问题 3:少数民族教师把握各种自我发展机会时的顾虑较多

总的来看,几所项目实施学校已经为教师提供了包括攻读学位、访学、培训在内的自我发展机会。调查表明,这些机会对所有教师都是均等的,但少数民族教师在把握这些机会时的顾虑较多:一是担心到内地学习、生活中出现语言、风俗和习惯等方面的不适应;二是与汉族教师相比,少数民族教师的家庭负担较重——家庭规模相对较大,孩子和需要赡养的老人较多。这说明,现有教师发展的各种形式与少数民族教师的实际情况相脱节,这导致少数民族教师不得不放弃诸多发展机会。

7.5.7 建议措施

我们认为,上面提到的少数民族师生群体面临的问题已经对他们的发展产生了明显不利的影响。在世界银行项目中,针对上述问题若不做出相应的制度和政策安排,并将这些安排落到实处,少数民族师生群体从项目中获益的程度将受到影响,不利于他们的发展。因此,我们反复与自治区项目办和各所学校沟通,强调要编制《少数民族发展行动计划》和各校的《少数民族发展行动计划实施方案》,有针对性地解决少数民族学生预科汉语教学、就业中遇到的困难,并为少数民族教师提供更具保障的发展机会。比如,在预科教育问题上,我们提出五所学校都要加大预科汉语师资的引进和培养力度,增加包括语音室在内的教学设备、制订符合少数民族学生的语言培养计划和推进有利于语言学习的校园环境建设等建议。还建议自治区项目办牵头,对双语学生汉语能力和水平进行客评估等。在少数民族学生就业问题上,我们提出各校可以发掘少数民族学生就业成功的典型,用身边的案例引导少数民族学生转变就业观念。在少数民族教师发展问题上,提出探索"就地培养和就地提高"的模式。这些建议得到了自治区项目办和各校的认可和回应,并已经被纳入了项目办 2015—2016 年的年度计划和各校《发展计划实施方案》之中,其中一部分建议已经在项目活动中做了安排。

我们还提出要对《少数民族发展行动计划》实行为期 5 年的社会监测,确保落到实处,为此要建立包括自治区项目办、各实施学校、外监测在内的监测机构,并搭建起一套有效监测计划方案落实情况与进展的机制。这一建议也得到了自治区教育厅和各项目实施单位的认可和重视,项目实施单位的内监测机构已经成立起来,确立了信息公开的方式和程序,建立了监督、评审的指标、流程和工作细则等。在信息公开中,我们特别强调《少数民族发展行动计划》和各校《少数民族发展行动计划实施方案》都必须以"民汉"两种语言文字在学校网站上公布,以确保少数民族师生可以及时获得,并准确理解这些信息。

五所项目实施学校拟投入资金 3 067.15 万元,以用于落实《少数民族发展行动计划》,其中的 1 071.05 万元为世界银行贷款资金。这些资金具体落实到了各校实施方案的各个项目之中。项目学校少数民族发展行动计划实施方案的关键活动已经摘录在表 7-1 中,更详细的活动则已纳入各项目学校的少数民族发展行动计划之中。

表 7-1 项目实施学校少数民族发展行动计划关键活动

项目 学校	投入资金 (万元)	少数民族学生群体			少数民族教师群体	
		双语师资	语音室	课程开发	骨干教师	各类培训
新疆工程学院	376.5	引进 5 名以上	新建 3 个	8 门课程双语教材	2 人	50 人次
新疆农职院	699.5	引进 6 名	新建 1 个	2 门课程全套资源	2 人	64 人次
新疆轻工学院	507	引进 3 名	新建 2 个	8 本专业汉语教材	5 人	126 人次
新疆维吾尔医专	1 080.1	引进 4 名	新建 1 个	16 门专业教材	2 人	200 人次
乌鲁木齐职业大学	404.05	引进 10 名	新建 2 个	3 门学生能力本位课程	18 人	90 人次

综上所述,项目将对解决项目实施学校少数民族师生群体面临的问题、确保他们在项目中获益并实现发展产生诸多有利影响。对少数民族学生群体而言,他们将可能获得更好的预科汉语教学服务,包括符合语言教学规律的师生比和班级规模、更好和更有保障的语言教学设备、更具针对性的语言学习方案和更有利的语言学习环境。这将有助于提高少数民族学生 MHK 的过级率和实际汉语水平,并为他们的专业学习打下坚实的语言基础,缩小与以汉语为母语的学生在专业学习、实训与实训等方面的差距。语言能力的提高将为少数民族学生就业率和就业质量的提高创造更好的条件,当然实习与实训基地的建设、就业辅导课程的创新等也将为此作出重要贡献。对

少数民族教师群体来说,他们将获得专项资金资助的各种发展机会,也可能实现"就地培养,就地提高"的梦想。关键在于,少数民族发展行动计划的落实,将在很大程度上化解少数民族教师"抓住机会,实现自我发展"的后顾之忧。少数民族学生与少数民族教师从项目中获益,也将推动学校整体教学质量的提高,进一步完善学校的师资队伍结构,为学校的可持续发展创造更好的条件。

我们也应该意识到,少数民族师生群体从项目中获益,从少数民族发展行动计划中实现发展或提高发展能力,本质上有利于扩大新疆少数民族高技能人才的规模并提高比例。随着几所学校少数民族学生比例的进一步提高,社会效益还将进一步扩大。也必须指出,世界银行项目也将增强五所高职院校服务农牧区少数民族社会的能力。通过带动或支援地方职业教育的发展,形成覆盖全疆的不同层次职业教育体系,为新疆新四化建设提供源源不断的劳动力资源,从而推动新疆经济社会的发展。不仅如此,还有利于推动南北疆农牧区,尤其是少数民族社会的发展,为新疆各民族人口(尤其是少数民族人口)经济收入的增长创造了条件。这些转变有助于缩小各民族经济社会发展差距,促进各民族生产与生活方式、社会结构与文化观念的转型,推动少数民族社会的发展,最终实现各民族共同发展繁荣。

第8章 贫困减缓计划与实施管理

世界银行的宗旨是扶贫减贫,目前,世界银行的所有项目活动都是围绕它新近提出的2030年消除绝对贫困和促进分享繁荣而进行的。一方面,应发展中国家的要求,世界银行在落后地区投资基础设施建设和文教卫生事业,帮助当地发展经济并使贫困人口增加分享的机会和能力。同时,世界银行要求所有投资项目在执行过程中必须充分保护当地易受伤害的绝对贫困人口和弱势群体。

8.1 世界银行与贫困减缓

贫困是一个超越收入的多方面、复杂性、动态的、当地的概念,贫困人口缺乏资产、机会和能力(自我发展),而减贫项目最大的失败是缺乏瞄准机制。减贫要有可持续性——环境、经济、社会和机构,世界银行扶贫战略围绕贫困的相关特点,核心在于机会(Opportunity)、授权(Empowerment)与安全(Security)。机会是指通过刺激经济增长,为穷人扩大经济机会,让市场更好为穷人服务,为穷人增加资本(土地、教育等);授权是指增强穷人决策能力,消除性别、种族、民族歧视以及社会不平等;安全则是指减少穷人的脆弱性,增强抵御疾病、经济震荡、失业、不幸以及自然灾害打击的能力。

社会发展除了关注发展"什么",更关心"如何"发展。首先发展要能体现包容性,即贫困人口和弱势群体同样要有发展的机会和权利,发展应该惠及他们。这是社会发展的首要定义,这样的发展才是公平的、正义的。为此社会发展的目标不仅仅是经济增长,还要通过增加贫困人口的社会资源和参与能力使他们得到赋权从而激励自主。这样他们的发展才有可能是可持续性的,这是为了一个公平、正义和可持续发展的目标,是建立一个强健稳定社会的基础。

因此,贫困减缓是世界银行最注的社会因素之一。通过投资项目惠及成员国的穷人,在提高地区经济发展的同时,积极为其提供切实可行的发展机遇。因此,世界银行将致力于为发展中成员国的穷人提供直接指定目标的援助,支持和提高他们在生产活动中的就业和收入以及更多获得服务的机会,包括保健、供排水、计划生育、教育、社会保障和其他相关服务。为了实现这些目标,编制《贫困减缓计划》,并对计划的实施过程进行管理就非常必要。

在每个发展项目的社会影响评价中,贫困分析、项目的减贫作用和贫困等弱势群体的参与机会都必不可少。世界银行社会影响评价的目的之一就是,确保项目目标为广大有关群体所接收,提高项目人口特别是贫困人口受益程度。比如在交通项目中,就要分析项目对沿线村镇经济的拉动、农产品输出带来的减贫效果、沿线的贫困群体能否从中受益、贫困群体是否被排斥在外等方面。在环境项目中,要对项目区群众尤其是脆弱群体的支付能力和支付意愿进行调查,促成减免或优惠政策的制定;在能源项目中,要分析清洁能源的使用当地群众资源利用模式的改变,给弱势贫困群体的支付能力带来的压力。在农业项目中,要分析项目是否可以帮助农民脱贫以及农村贫困群体能否平等获得受益和发展机会等问题。

8.2 贫困分析

贫困分析是项目的社会影响评价的重要维度和重要内容,着眼于本项目对地区、群体及个人的减贫的作用以及贫困群体在项目中的受益和受损,贫困人群可能面临的社会风险(比如脆弱性)。

贫困分析开始于项目鉴别阶段,世界银行的社会发展专家现场调查后将确定是否需要在项目准备阶段进行详细的贫困分析以及如何进行贫困分析。通常,世界银行社会发展专家在实地调查的基础上进行初始的贫困分析,并在此基础上制定工作大纲(Terms of Reference,简称 TOR),对进行贫困分析所需的人员投入和工作时间安排进行明确。

贫困分析主要问题清单

(1) 项目区贫困的存在和发生是怎么样的,特征如何?
(2) 贫困人口在项目区的比重、特征如何?
(3) 国家和当地政府有没有扶贫政策,执行效果如何?
(4) 该项目对减贫有哪些直接和间接的影响?
(5) 项目会不会增加贫困的发生?
(6) 项目是否会增加贫困群体的脆弱性?
(7) 项目设计中是否有促进贫困群体参与的机制和活动?
(8) 贫困群体对项目的态度和需求如何?
(9) 贫困群体是否能从项目中和非贫困群体平等受益?
(10) 是否有参与和申诉的渠道?

初步的贫困分析主要目的是为了确定在准备阶段需要解决的贫困问题的范围,一般情况下,初始的贫困分析与利益相关者分析等工作同时进行。初始的贫困分析需要识别出项目可能影响的贫困群体。项目准备阶段的贫困分析是对识别阶段的初始贫困与社会分析的细化和深化，重点关注项目风险，明确项目的社会效益并进行定量化，提出增强项目效益和缓解风险的可行的行动和措施，建立贫困人口参与到项目中并确保他们能从项目中获益的机制。初步的贫困分析应以《贫困分析报告》的形式，或者作为《社会影响分析报告》中的重要组成部分呈现出来。

<h3 style="text-align:center">贫困分析报告</h3>

(1) 项目概况

(2) 贫困分析的目标

描述贫困分析所要实现的目标：如①描述项目区社会经济和贫困概况；②分析可能影响项目贫困减缓目标实现的关键社会因素；③识别关键利益相关者；④评估项目对贫困群体的正面影响和负面影响、识别潜在的社会风险；⑤把有关项目贫困减缓目标实现的社会因素纳入项目设计，达到规避或减轻负面影响的目标。

(3) 方法

贫困分析中运用的研究方法有：文献回顾、实地观察、焦点组座谈、深入访谈、问卷调查等。

(4) 项目区社会经济状况与贫困人群的社会经济状况

收集项目区内的人口特别是贫困人口状况（城乡、性别、民族等）、土地状况、经济状况（人均GDP、产业结构、人均纯收入、经济和产业发展特点）、社会基础设施（教育、医疗、通讯等）、特有的社会文化习俗等方面的资料，根据具体项目有所侧重。

(5) 贫困分析和战略

项目区的贫困发生率、贫困特征和原因，已实施的减贫政策和扶贫项目，项目的减贫作用。关注项目贫困减缓的效益分析，估算受益范围、受益的贫困人口，分析项目带来的正面影响和负面影响并进行量化。

(6) 咨询和参与

描述项目设计和准备阶段所采取与贫困群体协商和参与的途径和具体方式，并针对具体项目进展情况和项目目标，构建未来咨询和参与机制，以确保贫困群体充分参与到项目中。

(7) 其他社会风险[①]

分析项目可能带来给贫困群体带来的社会风险问题，在与贫困群体充

---

① 在项目准备阶段，还需要确定项目中是否存在诸如支付能力与支付意愿、劳动力风险、AIDS/HIVS传播等风险并制定规避风险的措施，因为这些风险会增加受影响人（特别是贫困群体、女性群体、少数民族群体）的脆弱性，影响着项目的实施以及项目目标的实现。关于其他社会风险的识别要根据项目的具体情况进行识别，并在与各利益相关者充分协商的基础上提出可行的、有效的规避风险的措施和行动。

分协商的基础上,提出切实可行的缓解风险的计划或措施。

(8) 监测和评估

依据项目的目标,以及前述的关于对贫困群体影响和风险的评价和分析,制定项目实施期间的监测和评估的框架,其中包括实施监测评估的机构、目标、内容及成果。

需要说明的是,在项目准备阶段,还需要确定项目中是否存在诸如支付能力与支付意愿、劳动力风险、AIDS/HIVS传播等风险并制定规避风险的措施,因为这些风险会增加受影响人的脆弱性,影响着项目的实施以及项目目标的实现。关于其他社会风险的识别要根据项目的具体情况进行识别,并在与各利益相关者充分协商的基础上提出可行的、有效的规避风险的措施和行动。这些风险可能在贫困群体、女性群体和少数民族群体中表现较为突出。比如在环境项目中,项目运营所收取的污水处理费、垃圾处理费等就尤其需要考察贫困群体和弱势群体(如低保家庭、五保户)的支付能力和意愿。是否因为支付能力低而影响项目效益发挥,或者把这部分人群排斥在项目受益人口之外。这就要求通过统计资料和问卷的数据来分析他们的收入水平、支付能力。通过深入访谈和座谈会补充资料,定性的分析支付意愿。需要充分考虑是否由此推动相关优惠政策的出台,确保各个社会群体都能从中受益,使项目效益最大化。在考虑支付能力的问题时应与所进行项目的财务和经济分析相联系。

××省农村灌溉项目贫困分析(其他社会风险)

支付能力风险:通过社会经济调查、访谈、召开座谈会等方式,了解项目区农民的家庭收入和支出构成、现有灌溉费用的支出情况,评估项目实施后支付能力以及支付意愿。结果表明,同项目实施前相比,灌溉费用大大降低,对于大多数农户而言,处于可以接受的范围内;但是对于项目区内的贫困家庭尤其五保户家庭而言,灌溉费用对这些家庭而言仍是一笔不小的支出。对这部分家庭而言,需要出台相关的灌溉费用减免措施。

劳动力风险:根据社会经济调查、访谈、召开焦点组座谈会、利益相关者研讨会以及关键信息人的访谈,本项目实施将在两个方面带来劳动力风险:(1) 由于一些现状提灌站被取消,部分提灌站的管理人员的就业和收入会短期受到影响;(2) 灌溉条件改善后,种植经济作物的比例将增加,需要投入更多的劳动力,而目前项目区内的大部分劳动力都外出打工,因此,种植结构的调整面临劳动力短缺的风险。

8.3 贫困减缓计划的编制

在项目识别阶段,需要从贫困群体的角度分析拟建项目的内容以及执行机制,识别项目对贫困群体的影响,确定是否需要在项目的准备阶段制订贫困减缓计划。

贫困减缓计划是社会行动计划的一种类型,其基本内容框架与其他社会行动计划相似。社会行动计划通常是在与各利益相关者充分协商并广泛征求意见的基础上提出的,是对在贫困和社会分析中所提出的减贫、扩大项目社会效益、促进社会性别发展的目标提出具体的实现措施和活动。规避和减轻社会风险的社会行动计划通常以矩阵形式列出。扶贫开发行动计划要明确总体目标和具体目标、行动计划的原则和拟采取的关键行动,还应该包括社会行动计划的一般内容。

社会行动计划的一般内容

(1) 行动建议

针对项目正面和负面影响以及潜在的社会风险,提出项目强化正面影响(如减贫、促进性别发展、社会保障以及其他)的具体措施,减轻社会风险(如弱势群体被项目排斥、失业风险、艾滋病风险以及其他)的具体措施。

(2) 目标人群

确定具体行动建议和措施针对的对象,哪些人将参加在行动建议中提供的培训、活动以及相关政策覆盖的人群。

(3) 相关机构

在与各利益相关者充分协商的基础上,结合项目的实际,确定具体行动计划和措施的执行机构以及要涉及的相关组织和机构。

(4) 时间安排

制定具体行动建议或措施实施的时间范围。

(5) 资金及来源

估算每一项具体行动或措施所需的具体资金额度,并确定相应的资金来源,列入项目预算、自筹或与其他项目整合。

(6) 监控指标

提供具体可供衡量行动计划实施进度以及落实效果的指标。

8.4 贫困减缓计划的实施管理

项目的实施是一个动态变化过程,由于涉及不同利益群体之间的协商、制约作用以及其他一些不确定因素的影响,因此项目在执行过程往往并不是完全按事前的计划和设计方案开展的,需要在项目的实施和执行阶段开展社会影响评价。贫困减缓计划的实施也是如此,需要持续的监测和评估,主要关注已制订的贫困减缓计划或措施的实施情况,并评价其实施效果;尽早地发现项目实施过程中与贫困减缓相关的社会风险以及社会问题,并及时反馈给项目业主和世界银行,以便于尽早地对项目进行调整,确保贫困减缓计划实现预期目标。

贫困影响的监测和评价通常采用逻辑框架分析方法,通过设计能够反映项目扶贫影响和效果的监测指标,用于监测项目的进展情况和对扶贫的影响;项目有没有按照项目准备阶段制订的贫困减缓计划执行;贫困人口(占多大比例)是否得到项目所生产的产品和服务;贫困人口在获得项目所提供的产品和服务的情况下将会产生的扶贫效果;项目的实施有没有使贫困人口支付能力的降低,有没有造成贫困群体的次生贫困等;对问题及时反馈给业主进行调整,并确保这些调整能够予以实施。

××省农村灌溉项目贫困影响的监测和评价指标

项目实施阶段的贫困影响的监测与评价主要关注以下指标:
(1) 贫困人口获得信息的渠道、参加公开会议的权利;
(2) 贫困人口在用水者协会的比例;
(3) 贫困人口获得新增的灌溉面积的情况;
(4) 项目施工提供给贫困人口的就业机会;
(5) 贫困人口改善种植结构的比例;
(6) 农业种植技术、市场意识、灌溉管理等培训中贫困人口参与的比例;
(7) 项目实施后贫困家庭收入及其来源。

在项目完工验收阶段,社会影响评价要以项目准备阶段根据需要已经编制备的报告为基础。显然,如果项目准备阶段根据贫困分析制订了贫困减缓计划,这一阶段的社会影响评价就必须对贫困减缓计划实施情况、变更情况、计划实施机构的表现、贫困减缓计划的成效和教训等作出说明。因此,贫困减缓计划及其实施一定贯穿于整个项目周期,且应该在各阶段(包括后评价)社会影响评价中都有所反映。

我们仍以农村灌溉项目为例进行说明。项目竣工阶段社会影响评价中的问题包括:项目准备阶段所制订的确保贫困人口从项目中受益的计划是否实现,实现程度如何?如果上述目标没有完全实现或实现程度较低,则原因是什么?同项目实施前相比,当地农民从项目中直接或间接获益的比较如何?同非项目区相比,两个区域内的农民在经济收入、市场意识以及灌溉节水意识、种植结构调整的意识等方面是否存在差异?其中多大程度是项目带来的?后评价阶段的社会影响评价的问题包括:项目的正面影响是否实现,负面影响是否规避,贫困人口从项目中的收益情况如何?项目区贫困人口对项目运营后的灌溉是否满意,他们是否支持目前的灌溉方式,他们是否保护该项目的灌溉设施等?是否存在任何社会风险对贫困减缓的可持续性产生影响?项目区中贫困人口如何参与到项目中来?从贫困减缓计划实施过程中,可以总结出哪些经验、教训,有何借鉴作用?

8.5 贫困减缓计划的组织实施机构

组织机构的建设和强化对扶贫开发这种跨部门、跨专业、跨地区的综合性项目而言至关重要。一个强有力、高效率、充满活力的项目管理系统有助于实现项目区域内各种资源的合理配置、促进各行业、各领域的协同发展,保证扶贫开发项目有条不紊地进行,世界银行扶贫开发项目不仅建立了强有力的多层级项目管理办公室系统,还加强了各扶贫管理机构的管理能力,促进了贫困群体或单位自我发展能力的长期提升。

在此,仅以"世界银行第五期扶贫项目CDD操作手册·中国贫困农村地区可持续发展项目"为例,说明贫困减缓计划的组织实施机构与管理制度的重要性。第五期扶贫项目的重要创新之一是在国内试点的"中国社区主导型发展"和"农村社区滚动发展资金研究项目"的经验,在三省(市)项目区全面采用社区自主决策的发展方法,以帮助贫困社区提高自我组织、自我管理和自我发展的能力。同时探索转变政府职能,建立社区服务体系,加强基层组织建设的途径和方法。

传统的扶贫项目组织机构体系以县为单位,项目在县级以下没有专门的组织机构。这种组织机构体系既无法有效解决选择贫困户和分配扶贫资金的问题,也不能保证项目实施的最终效果能够真正使基层贫困户受益。为此,世界银行扶贫开发项目坚持贯彻扶贫到户的村级规划原则,建立并逐渐完善了从中央到省、县、乡和村的五级项目管理办公室(Project Management Office,PMO)系统。该系统在三期世界银行项目中从建立到不断完善,最终形成了极具扶贫开发项目特色的组织机构框架。在纵向上,PMO系统以在各级扶贫领导小组(LGPR)之下新设立的项目管理办公室(PMO)为主线。自中央一级的国务院扶贫办外资项目管理中心到省、县项目管理办公室,直至乡工作站、村执行小组作为项目传递的主要渠道。在横向上,它以项目实施为核心,以多个政府职能部门为辅助,通过各部门的协调合作,共同承担着项目的实施与管理工作。这样一个全方位、多层次、立体化的项目管理组织机构系统为中国扶贫开发项目提供了强有力的组织机构支持。在这套组织实施机构中,基层组织至关重要,它们的参与和参与的有效性将对贫困减缓计划的成效有着重大影响。

在这套组织实施机构中,社区协调员是一大创新。项目原则上应为每个项目村(社区)选派一名社区协助员。各社区协助员有两个主要来源:一是,各省市组织部门招聘的"大学生村官";二是,由于特殊原因不能招聘大学生村官的,要充分利用现有政府资源,发挥部门包村、乡镇驻(联)村干部的作用。可由县项目办与同级组织、人事部门协商,在全县范围内选派优秀的年轻干部和新录用的大学生到项目村(社区)担任社区协助员;或由县项目办与项目乡镇党委、政府在现职乡镇干部中选拔。由项目办和组织部门从"大学生村官"中联合招聘的社区协助员,由项目办和组织部门共同制定招聘标准。在实际执行过程中,明确了社区协助员的职责、选拔和任用程序,以及培训、考核和评价机制。

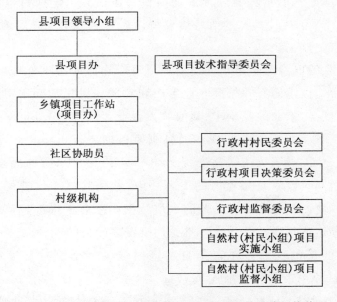

图 8-1　世界银行第五期扶贫项目县级以下的实施机构体系

另外,项目还鼓励国内外 NGO 组织、志愿者组织和大专院校、科研院所及有经验的专家学者,根据项目的特点,发挥自身优势,为项目提供培训、监测评估及咨询服务。

8.6 案例分析

内蒙古巴彦淖尔市河套水务集团
乌梁素海综合治理项目扶贫开发行动计划

为了从根本上治理内蒙古河套灌区各级排干沟及乌梁素海的水质污染,解除对黄河的污染威胁,实现水资源的重复利用和优化配置,为利用蒙古国的煤、铜等矿产资源,促进国际区域经济合作提供有利的水资源支撑和保障,同时以改善水生态环境为契机,促进本地区的社会主义新农村建设,提高临河城市防洪能力和改善水环境状况,巴彦淖尔市水务集团提出了内蒙古巴彦淖尔市利用世界银行贷款实施水环境综合治理项目。巴彦淖尔市水环境综合治理项目共包括九个子项目,乌梁素海海区治理工程是其中一个子项目,主要包括乌梁素海西岸生物过渡带人工湿地工程和海区水道开挖工程两部分内容。

世界银行贷款的巴彦淖尔市水环境治理项目所建设的污水处理厂主要是处理工业园区的企业污水,尚不能有效处理农业生产和农村居民生活污水;加之其他乡镇污水处理设施的不健全,农业灌溉废水、其他城镇企业污水和城乡居民生活污水仍无法得到较好的控制和改善,这对于实现本项目重要目标之一——改善排干渠水体和保护乌梁素海,是一个亟需解决的问题。因此,排干沟内污水水质的提高可以缓解乌梁素海的净化压力,同时改善乌梁素海的生态环境,延缓其沼泽化进程,逐步恢复其湿地的生物多样性,使河套灌区排水系统的水质达到国家有关标准,有效改变巴彦淖尔市境内黄河的水质,达到保护黄河水体不受污染侵害的目的。

位于内蒙古西部的巴彦淖尔市是自治区内唯一一个没有县级贫困县的市,到2009年年底,巴彦淖尔市共有贫困人口17.6万(按农区纯收入在1 500元以下、牧区的纯收入在1 800元以下标准统计),主要分布在三大贫困带:边疆牧区、黄河北岸、乌梁素海两侧。黄河北岸和乌梁素海两侧、特别是西侧正是人工湿地工程和农田退水污染控制示范推广项目所直接涉及的区域。2009年,巴彦淖尔市解决了31 539名贫困农牧民的脱贫问题,返贫率7%,被扶持贫困人口人均年纯收入3 500元。

8.6.1 乌拉特前旗贫困状况

乌拉特前旗是巴彦淖尔市贫困人口最多的地区,截至2008年年底,全旗共有贫困人口54 889人,贫困人口占全旗农牧民总人数的20.7%。贫困人口中绝对贫困人口35 077人,相对贫困人口19812人,绝对贫困人口占贫困人口的63.9%。贫困人口人均水浇地2亩,人均占有粮食200公斤,人均占有牲畜5头(只),人均纯收入700元左右,是全旗农牧民人均纯收入 6 680 元的约 1/9。贫困人口入农村医疗合作保险率为 88%,入农村低保率为 60%,有 45 000 人,216 000 头(只)牲畜的人畜饮水未解决。贫困嘎查村经济整体发展水平低,农牧业基础建设落后,农牧民增收缓慢,贫困已成为特前旗进一步发展的一大障碍。

值得注意的是,女性为户主的贫困家庭占有相当的比例。这与我们的调查结果相一致。在这一地区,农业耕作(也就意味着收入)主要靠男性,家庭几乎所有重要决策都是由男性做出决定,因此当家中失去男性时很容易引发贫困。

贫困人口中,少数民族贫困户 837 户,占贫困总户数的 5.8%,主要分布在牧区的阿力奔苏木和白彦花镇。

乌拉特前旗贫困家庭贫困原因有自然生态环境恶化、农牧业基础设施建设滞后、生产生活资料不足、市场风险加大与抵御风险能力差以及旗镇财政收入匮乏与自我脱贫能力弱几个方面。

8.6.2 项目实施原则

在调查和可行性研究的基础上,项目方确定了项目实施的基本原则:

(1) 项目涉及的苇田、土地等保持权属不变,即不征用农户的土地和苇田,以尽量避免可能的社会的纠纷,保持地区社会稳定。

(2) 根据项目涉及的土地绝大多数都是绝产田或弃耕的空地,在权属不变的情况下,采取合作利用的方式。

(3) 鉴于农户持有的苇田租赁费用和其他问题,决定项目所涉及苇田不采取租用而是采取利用和改造的方式。

(4) 项目采取逐渐推进的方式,先建立若干示范点,以实际效果来带动农民、激发他们主动参与的积极性。

(5) 探索如何以项目为契机,展开一些可能改变当地农户生产和生活水平,促进乌梁素海周边地区社会经济发展的行动的机会,从而使乌梁素海治理项目发挥更大和更长远的影响,使保护苇田、保护乌梁素海成为农民自觉地行动。

(6) 编制一份《扶贫开发行动大纲》,把扶贫开发作为项目的一个组成部分。

8.6.3 扶贫开发行动的原则与目标

贫困分析不仅明确了要编制《扶贫开发行动大纲》,还提出了扶贫开发行动的原则:即强调贫困所具有的多元化性质、生态建设与扶贫开发相互促进原则、坚持"标本兼顾"原则、坚持多部门联手和相互衔接的原则、坚持跨行业扶贫开发原则以及遵循自愿原则、注重农民参与、循序推进。

扶贫开发行动的具体目标包括：

（1）通过几个工程项目的实施，极大程度消除这一地区的贫困根源，为该地区的长远发展奠定坚实的基础。

（2）围绕治理项目并结合当地社会、文化、经济特点，创造出多种提高农户收入的途径和方法，最大限度减少项目的负面影响，使项目涉及区和影响区的农户能从项目中获得更多的收益。

（3）通过组织建设、制度创新和能力建设，引导更多农户、特别是贫困家庭、社会力量参与到扶贫开发行动中，增强社区和农户持续发展能力，为该地区及其农户在工程项目基本结束后能最大限度地利用工程成果，彻底摆脱贫困，实现社会经济持续发展和农民生活的不断改善。

8.6.4 扶贫开发行动计划的主要内容

1. 扶贫开发关键行动：根治贫困之源

阴渗治理：项目直接涉及区和项目影响区农业发展的最大障碍是阴渗问题。阴渗造成土地的盐碱化，使种植业大受影响，成为该地区的贫困之源。垂直防渗和截渗沟以及生态护岸工程如果能够成功实施，就可能大大降低地下水位。不仅能够保护现有农田，而且为盐碱化治理打下基础。在此基础上，通过平地缩块、排灌分家、配方施肥等措施，可以大大改善土壤的水分和肥力状况。

改善乌梁素海水质：乌梁素海水质污染和生态环境的恶化极大地制约着当地养殖业、旅游业的发展。随着生物过渡带人工湿地工程和面源污染控制工程的展开，整个海子的水环境和生态环境将大大改善，生物多样性也将逐渐得以恢复，这样的一个乌梁素海将成为长期造福于当地居民的重要的和不可多得的资源。乌梁素海水质改善不仅能够为渔业发展提供更大生长空间，从而增加当地农户的收入，而且生态环境的恢复和水质改善也会为当地旅游业的适度发展提供新的机遇。

彻底泥利用和低产田改造：如果能够将乌梁素海综合治理与盐碱地和中低产田改造联合起来进行，将对该地区的农牧业发展产生重要影响。通过旗农业局测土施肥成熟的技术条件，再配以化肥的使用，就可以达到改造中低产田、提高作物粮食产量的目标。同时，原来因为土地盐碱化而无法种植的高附加值经济作物也可以栽种，从而为种植业结构调整开辟更大的空间。

面源污染控制示范与推广：面源污染控制示范推广项目通过退水生态沟渠修复与回灌技术和退水污染湿地生态修复技术，可以使农田退水消减对乌梁素海的污染，极大程度改变乌梁素海的水质，同时通过科学使用化肥而使土壤结构得到改善，从而为发展生态农业、绿色农业奠定良好的基础。农户也会因化肥使用量的减少而降低生产成本,增加收入。

农业基础设施建设——堤坝和排干渠修整:通过堤坝加高加固、加宽,支干渠疏通硬化和做生态护坡等工程可以一定程度改善乌梁素海周边的农业基础设施状况,减少阴渗,防止重大灾害事件的发生。此外,促进这一贫困地区基础设施发展,有利于增加投资回报率并吸引更多的资金。

2. 提高农户收入的行动

启动补偿机制:启动湿地芦苇生产成本补偿机制,农田退水实验田风险补偿机制、底泥涉地补偿机制和堤坝加高加固工程的涉地补偿机制。

为贫困人口提供可能的就业机会:一是要建立"筹资投劳"机制,整治支干渠;二是对贫困人口实行"以工代赈",包括运输、植树、安保服务及其他杂工使用、芦苇多元化利用和芦苇销售市场的开拓、苇田改造和苇田综合利用。

3. 可持续发展能力建设行动

组织与制度建设:农村扶贫开发工作要做到:组织领导、强化载体、提高主体的素质、鼓励主体的参与。第一,扶贫工作要组织化制度化;第二,脱贫需要载体,这个载体便是项目,乌梁素海综合治理的各个子项目便是这样一个可以作为扶贫载体的项目,通过有效利用这一载体,使家庭户的生活境况能有改善;第三,农户必须成为扶贫的主体,这是内因。具体做法有:(1)建立村庄"扶贫开发行动工作小组"并协助其制定行动守则;(2)帮助受影响村庄制定《村级发展规划》与《实施手册》;(3)制定《推动农民专业合作组织发展实施细则》,推动养殖及其他类专业合作组织发展;(4)建立以农业院校学生为主体的志愿者服务基地;(5)利用前旗电视台和报刊,定期公开发布项目相关信息。

经济持续发展措施:(1)"农户+协会+公司"模式推广,推动产业化经营;(2)开发旅游资源,拉动旅游产业;(3)设立"村企共建"试点,推动多种经济组织参与扶贫开发;(4)发展特色种植和养殖。

能力建设与观念转变:(1)建立科学的信息化管理平台,抗风险能力。(2)加强实用技术培训,提高贫困地区群众的科技文化素质。依托旗县农广校、农机校、农业技术推广中心、畜牧兽医站、农经站、职业中学、农函大、乡镇各类技术培训学校和科普协会等单位开展培训工作。培训内容可分为种、畜、渔、机、林、果、药、市场营销、政策法规九大类。(3)加大科技扶贫力度,在科学技术推广工作中提高自身的水平,拓展更广阔的发展空间。盟、旗政府有关部门要安排资金,建立科技扶贫示范基地,注重示范效应,充分发挥科技在扶贫开发中的带动作用。

8.6.5 扶贫开发经济社会效益评价指标和评价方法

直接经济效益指标:包括:生产总值、总收入或平均收入值。生产总值说明一项生产经营的规模而不能说明其利润等效益指标;总收入往往只是一个村或一个乡在开发这一项目上的效益,而不是农村贫困人口们直接得到多少收益的指标;平均收入值有时也可掩盖实际上存在的农村贫困现象。除此之外,社区中贫困人口的收入分层和增加幅度、农村贫困线以下和以上的贫困人口数字变化等指标也是反映农村扶贫项目的经济效益的重要尺度,而且更能反映社会分配的标准与公平程度。

间接经济效益指标:有乌梁素海综合治理、面源污染控制示范推广、阴渗治理和堤坝休整、底泥利用、盐碱地改造这些项目对改善地区贫困状况上具有重大的间接经济效益。

社会效益的客观测量指标:包括:社会结构的改善、社会平等的程度、女性的社会地位和家庭地位的改善、公共卫生条件和生态环境的改善、社区文化教育事业的发展以及生活方式的积极变化等方面。一个扶贫项目实施的结果能导致当地社会结构的优化,改变单一的产业结构和就业结构,充分利用当地剩余劳动力,这无疑是正面的社会效益。通过参与项目的实施,使女性减少了从事家务劳动的时间,并获得较多的直接经济收入,或者最贫困的人口由于得到扶持而显著改善了经济状况,缩小了与富裕户的差距,这种社会平等方面的进展当然也是值得肯定的。由于收入增加,农村贫困人口饮食结构和住房条件的变化,卫生条件的改善程度,儿童失学率和婴儿死亡率的下降幅度,闲暇生活方式的种类等生活条件的变化程度,也都是评价一个农村扶贫项目成功与否和程度大小的尺度。

社会效益评估的主观指标:可以从主观方面进行评价,包括对农村扶贫项目及其结果的满意度、对现在生活的感受、社会责任感和积极性。对农村扶贫活动及其结果的满意度,包括对项目资源如资金、设备和技术的分配,对项目成果的分享等是否满意,是否有公平感,主要反映农村扶贫活动满足农村贫困人口基本需要的程度;如果扶贫项目起到明显作用,贫困人口的生活也将发生显著改变,他们对项目实施后的生活感受的强弱程度是从情感角度的评价;社会责任感和积极性是从行为意向和外部行为角度去衡量项目活动对激发农村贫困人口的社会积极行为与心理有多大作用,以此来评价农村扶贫项目的成功与否。如果扶贫项目能够给项目区的贫困人口带来切实的益处,使他们产生较大的满意度和幸福感,那么他们自然容易产生对农村扶贫活动和管理机构的感激以及对项目、对社区的责任感,从而引发回报社会的积极行为,最终体现在社区发展上就是社区凝聚力增强,农村贫困人口具有更强烈的发展愿望。农村扶贫项目的心理效益和评价方式可采用测量、问卷、访谈或行为评估等手段。

8.6.6 扶贫开发组织机构及能力建设

为确保巴彦淖尔市水环境综合治理项目子项目乌梁素海扶贫开发战略计划的顺利进行,巴彦淖尔市人民政府、乌拉特前旗人民政府、项目业主单位设置了必要的协调机构,以便对乌梁素海扶贫开发战略计划的实施起到必要的协调和监测作用。负责巴彦淖尔市水环境综合治理项目子项目乌梁素海扶贫开发战略计划的机构有:巴彦淖尔市世界银行项目协调领导小组、巴彦淖尔市世界银行项目管理办公室、巴彦淖尔市世界银行项目扶贫行动工作领导小组、乌梁素海实业发展股份有限公司、村委会及村民小组和外部独立监测评估机构。

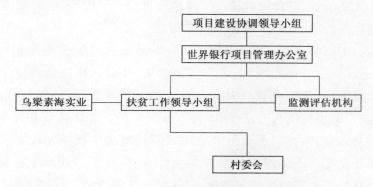

图 8-2 扶贫开发组织机构

健全扶贫开发管理机构:包括:(1)建立项目协调领导小组和定期召开联合办公会议;(2)整合和利用镇村现有组织资源,强化社区扶贫开发组织的能力;(3)扶贫开发的管理模式——目标管理责任制;(4)构建科学的信息化管理平台——扶贫开发资源平台,旨在实现管理信息共享、促进扶贫开发机构扶贫项目管理的信息化和系统化,为贫困人口提供相关信息服务以及拓展扶贫开发空间,使扶贫开发工作获得更广泛的支持和更多的资源。

规范扶贫开发管理,包括:统一管理基础规范、实行规范操作和人员培训、建立有效的监控机制、发挥协同效益、建立畅通的抱怨和申诉渠道和实施内部监测。

扶贫工作人员培训计划:为了与世界银行扶贫工作相适应,结合本项目的特点,对项目扶贫管理人员及实施人员,项目将制订相应的培训计划。

8.6.7 公众参与和协商

扶贫行动计划阶段的公众参与:2009年6至7月和2009年11月,由项目管理办公室组织进行了社会经济调查,项目影响区农民代表参与了调查,并对项目方案提出了意见,在进行社会经济调查过程中,调查人员认真听取了项目受影响人对项目扶贫的意愿及对项目的态度,详细的调查为扶贫计划的编制奠定了基础。2010年1月,由世界银行项目管理办公室就乌梁素海人工湿地工程和面源污染控制示范推广项目分别组织了公众意见及建议调查,有关受影响农户参与了调查,在进行社会经济调查过程中,调查人员认真听取了项目受影响人对扶贫开发的意愿及对项目的态度,进行广泛的协商,并为扶贫开发计划的编制提供重要的基础数据。调查结果详见本报告的第四部分。

今后,扶贫开发机构还将通过以下措施加强扶贫政策宣传和鼓励群众参与:在扶贫开发工作实施以前,通过当地报纸或广播电视发布有关项目的公告;在受项目影响的乡镇、村范围内,根据当地居民民族组成情况,采用贫困人口最容易接受的语言(汉语、蒙语等)来张贴告示,宣传项目扶贫开发的政策和补偿标准、申诉渠道等。

项目实施阶段的工作参与:随着工程准备和实施工作的不断推进,项目管理办公室还将展开进一步的协商活动。有两种方式:一是通过与居民代表或村委会干部座谈,集中居民比较关注的中心问题,收集居民意见,并就这些问题征求地方政府和扶贫开发部门的建议;二是群众通过向村委会和各级扶贫部门、监测单位反映抱怨、意见和建议,扶贫开发小组按照处理程序,反馈处理意见。各级扶贫开发工作小组将不定期地召开群众协商会,并以报告形式向项目管理办公室反映情况。监测部门除参加由各级扶贫开发工作小组组织的协商活动外,还将独立地就其他监测问题与受影响人进行协商并收集他们的抱怨和建议,向各级扶贫开发部门提供监测信息。

独立监测机构在参与及协商中的作用:一是提供群众关心的中心问题,反映抱怨意见;二是周期性和受影响人进行咨询,举行会谈和座谈;三是提出处理抱怨的意见和建议。随着项目进展,项目单位、受影响人、独立监测机构之间进行的公众协商将由扶贫开发部门记录下来,并整理成档案文件。

8.6.8 监测评估

监测评估是根据项目扶贫开发行动计划,对扶贫开发实施活动进行持续地调查、检查、监督和评估工作。本扶贫行动规划所指的监测评估活动,包括由业主和扶贫实施机构进行的内部监测活动和由外部独立的监测评估机构进行的外部监测评估活动。

内部监测与外部监测的工作

(1) 项目业主的扶贫监测评估工作

——按照扶贫开发行动计划,组织扶贫开发活动的内部监测;

——按季度向世界银行提交扶贫开发进度报告,每半年向世界银行提供一份详细的内部监测报告;

——及时更新扶贫开发实施的统计数据,完善扶贫开发管理信息系统;

——为扶贫开发外部监测评估机构提供各项工作所需要的数据、资料和信息;

——根据实施情况组织修改扶贫开发行动计划,及时报世界银行审批,并将审批意见通报扶贫开发实施机构和扶贫开发外部监测评估机构;

——配合、监督扶贫开发外部监测评估活动的开展;

——向公众公布与扶贫开发相关的信息,回答咨询。

(2)扶贫开发实施机构的监测评估工作

——按照扶贫开发行动计划完成好扶贫开发工作;

——向项目业主提交扶贫开发进度报告和内部监测报告;

——及时更新扶贫开发的统计数据,完善扶贫开发管理信息系统;

——向扶贫开发外部监测评估机构提供所需数据、资料和信息;

——接受项目业主和世界银行对扶贫开发实施活动的监督和检查;

——向公众公布与扶贫开发相关的信息,回答咨询。

第9章　社会性别发展计划和实施管理

世界银行贷款或资助的所有项目的社会影响评估中，社会性别分析已经必不可少，但是否需要准备《社会性别发展行动计划》主要取决于以下一些因素：(1) 女性的生物、社会和文化特征使得她们在发展过程中处于不利的脆弱位置。(2) 初始的社会影响评价已经表明女性更有可能受到项目的重大影响。或者由于其生物、社会和文化特性，女性对项目活动处于不利或者脆弱地位，面临较高社会风险，这时《社会性别发展行动计划》必须制订。(3) 如果项目对女性产生明显的负面影响，或是扩大性别不平等，《社会性别发展行动计划》应当制订。

9.1　社会性别发展行动计划的目的与宗旨

社会性别发展计划主要有目的：其一，保证女性从发展项目中受益；其二，避免或减少世界银行资助活动可能给女性造成的不利影响。当世界银行投资项目涉及因社会地位所限无法维护其土地和其他生产资源方面之权益的女性群体时，有必要采取特别行动。世界银行对待女性群体的目标，就是要保证女性在发展进程中，特别是在实施世界银行资助的项目过程中，不致受到负面影响，反之能享受到项目产生的社会和经济利益，并提高女性获得使用机会、服务、资源、资产的能力，促进其对决策过程的参与来促进性别平等和进行女性赋权。其最终目标是扩大性别平等。

世界银行要求，详细的社会性别分析是项目准备阶段社会影响评价的主要内容之一。女性和男性之间角色的重要差异，或其他的性别规范，可能对项目有重大影响。由于性别差异通常导致女性和男性有不同的需要、需求和制约因素，如果这些差异被忽略，女性可能无法同男性平等地获得从项目中受益的机会，因此不利于项目目标的实现。《社会性别发展行动计划》编制的依据包括：(1) 国家对女性的相关法律和行政法规；(2) 世界银行有关业务导则。在中国，这两项依据具有高度的一致性。

一旦确认需要编制《社会性别发展行动计划》，在项目实施阶段对《社会性别发展行动计划》的监测，以及在项目竣工后对该计划实施情况及其效应的评估就必不可少。社会性别发展行动计划监测评估的原则包括：周期性地调查、了解和评价社会性别发展行动计划实施的情况；准确地进行数据采集和资料分析，保证监测评估结果的准确性；科学、客观、公正地评价社会性别发展行动计划的实施情况；及时地向项目业主和世界银行报告,使其能及时了解项目的进展并进行科学决策。

社会性别发展行动计划监测评估的作用,在于跟踪监测项目社会性别发展行动计划的实施进展,动态评估社会性别发展行动计划的适宜性,为项目业主、社会性别发展计划实施机构和世界银行项目管理提供决策支持。通过连续不断的监测和对监测结果的评价,确定社会性别发展行动计划实施活动是否遵循了计划;对未能按照社会性别发展行动计划实施或实施不完善的活动,则要提出补救建议。通过监测评估,检查社会性别发展行动计划是否满足实施的需要,如有不当,则要及时提出调整建议。

9.2 社会性别发展行动计划编制与监测评估的工作步骤

20世纪90年代中期以后,随着社会性别平等的主流化趋势,世界银行任何一项发展项目的社会影响评价中都离不开社会性别分析。社会性别分析贯穿于整个项目的社会影响评估过程之中,并要尽可能早地开展。

9.2.1 社会性别分析

项目鉴别阶段的社会性别分析,应基于以下几个问题和活动:(1)谁是目标受益者?这需要明确分性别的受益者的比例,并在项目区内分别对男性和女性进行访谈。(2)项目中女性是否被重视?这需要明确项目区社会性别分工的模式,女性和男性对项目的需求是否相同以及女性和男性的主要收入来源。(3)项目对女性可能产生怎样的影响。(4)项目是否可能对男性与女性产生相同的影响。(5)该项目在方案设计时有可能将社会性别问题纳入考虑范围吗?(6)是否可以有效并公平地针对女性?如果可能的话,分析任何限制女性参与的法律、文化或宗教因素。(7)项目执行/实施机构是否有能力使女性参与项目并从中受益?(8)项目的设计团队需要得到社会性别和发展问题研究专家的意见,在项目设计中考虑社会性别差异吗?

详细的社会性别分析是项目准备阶段社会影响评价的主要内容之一。详细的社会性别分析包括:(1)女性是否在实质上参与相关部门。(2)项目是否可能直接改善女性或女童的机会、服务、资产或资源。(3)项目可能对女性或女童产生消极影响。在此分析基础上,必须在项目设计中制定相应的行动计划或措施,以避免或尽量减少负面影响,确保女性和/或女童能够参与并受益于该项目。(4)在参与机制方面,要保证女性群体能够被涵盖在内,拥有平等的代表权,听取他们的声音。

社会性别分析主要问题清单

（1）项目的目标是否明确的提到男性与女性问题？

——男性和女性各自的需求是什么？

——女性是否在整个项目过程中都能受益？

——在资料的收集和设计阶段，是否向当地女性进行咨询？

（2）该项目确定过程中，是否有任何形式限制男性和女性的参与（例如，文化、社会、宗教、经济、法律政治或身体限制）？

（3）在项目执行过程中，项目实施过程中的制约因素，是否在已制定策略和活动中得到解决？

（4）是否考虑到了社会性别角色分工？

——是否考虑了性别角色分工？是否了收集社会性别角色分工的数据（包括家庭和社会责任，比如，谁做什么，在何时、何地以及多长时间）？

（5）两性间谁能够获得和控制资源（包括土地，森林，水路，市场，能源/燃料，设备，技术，资本/信贷和培训）？

——项目活动是否对女性或男性获得和控制资源产生不利影响（例如，通过土地的丧失，降低市场准入）？

——新技术引入项目会使女性和男性受益吗？

——女性和男性是否能平等参与培训机会？

——项目支持的组织，如农民、用户或信贷小组，女性和男性能否获得同样的机会？

——女性能否平等获得项目资源？

（6）项目设计是否有利于促进和推动女性在项目中的参与部分与相关战略？

（7）执行或实施机构是否有能力为女性提供服务？

（8）是否有指标来衡量男性和女性（或男孩和女童）在项目进展获益的程度？有无分性别收集的数据以监测社会性别影响？

（9）项目是否有足够的资源，为男性和女性提供服务和机会？

9.2.2 编制社会性别发展行动计划

在项目识别阶段，需要从社会性别的角度分析拟建项目的内容以及执行机制，识别项目对女性的影响，确定是否需要在项目的准备阶段制订社会性别发展行动计划。

世界银行一旦确认需要编制社会性别发展行动计划，必须告知项目业主或其他项目发起者世界银行关于社会性别的政策。准备社会性别发展行动计划的义务应为世界银行、项目业主所接受。社会性别发展行动计划应在翔实调查的基础上编制,并应该由项目业主提交给世界银行。编制社会性别发展行动计划的费用是整个项目经费的一部分,计划的实施应该贯穿整个项目周期。世界银行将从以下几个方面为项目业主提供必要和合适的支持:(1)协助完成社会性别发展计划的编制和实施;(2)协助制定与社会性别相关的政策、策略、法律、规定和其他特殊行为;(3)为增强负责社会性别发展行动计划编制和实施机构的能力提供技术支持;(4)如果需要,为项目业主推荐适合承担社会性别发展计划编制、监测评估的有资质的单位或机构。在所有项目中,社会性别发展行动计划都应该在项目评估之前完成。和在社会性别问题上具有专业知识的当地非政府组织如果能够早期介入,对于确认有效的参与机制和当地发展机会是十分有利的。

社会性别发展行动计划应在项目评估之前和整个项目可研报告一起提交世界银行,评估时可确认该计划是否全面,其政策和法律框架是否适宜,负责实施该计划的机构是否得力以及拨给的技术、财政、社会资源是否充分。评估组应对女性是否充分参与了该计划的制订进行认可。社会性别发展中行动计划应该包括行动纲要,其中的显著议题将被纳入报告草案和行长报告之中,并在管理评审会议中被考虑。

一旦社会性别发展行动计划得到世界银行批准,反映上述计划的操作性指导方针和详细的实施计划就需要准备。这些工作完成后,世界银行关于社会性别发展行动计划的意见就会下达。世界银行的项目团队将为与社会性别相关事宜提供持续的建议和帮助。

社会性别发展行动计划是社会行动计划的一种类型,其基本内容框架与其他社会行动计划相似。社会行动计划通常是在与各利益相关者充分协商并广泛征求意见的基础上提出的,是对在贫困和社会分析中所提出减贫、扩大项目社会效益、促进社会性别发展的目标提出具体的实现措施和活动。规避和减轻社会风险的社会行动计划通常以矩阵形式列出。

9.2.3 社会性别发展行动计划的监测和评估

社会性别与发展的监测和评价。在项目实施阶段的监测和评价中,应根据社会性别分析的结论与实施方案,制定社会性别监测的各项活动和绩效评价指标,规范监测评价机制,以确保目标群体的女性参与建立在完善的机制框架体系之内。性别敏感性监测和评价的基础应在项目鉴别和准备阶段就建立起来。与社会性别相关的特征和机制应在具体的项目实施方案中得到体现:(1)监测评价专家小组中应当包括社会性别专家。(2)需要制订社会性别行动计划,以便系统地执行与社会性别有关的项目内容。项目监测中主要考虑的社会性别问题包括:是否有指标测定男性和女性从项目中获益的程度;是否有指标界定女性和男性权益的提高程度;有无分性别收集的数据以监测性别影响;在项目实施中如何提供性别专家的意见;女性是否参与到了监测与评价中;在项目实施中聘请的咨询专家是否考虑了社会性别问题等等。

项目完工报告中在进行项目前后和有无的对比分析时,要分析社会性别发展行动计划中设置目标实现与否的情况,并对未能实现或实现不充分的内容做出合理解释。此外,还需要对女性在整个项目周期中参与、受影响情况及受益的可持续性及其影响进行客观的描述和评价。最后,还要讨论社会性别发展行动计划主要的成功经验和失败教训,在未来发展中如何吸取这些经验教训以及这些经验教训对类似国家和同类在建项目和未来相关发展行动计划有哪些借鉴作用。这些内容也是后评价阶段必须涉及的内容。

9.2.4 理想的社会性别发展行动计划

2010年,世界银行在一份名为《应用性社会性别行动计划教训:社会性别主流化三年路线图(2011—2013)》(Applying Gender Action Plan Lessons: A Three-Year Map for Gender Mainstreaming (2011—2013))的文件中对一份理想的社会性别发展行动计划及其监测评估做了描述,并明确了不同阶段应该完成的任务,详见表9-1。[①]

表9-1 世界银行对项目不同阶段社会性别因素的要求

社会性别发展行动计划的不同阶段	理想状态
是否对社会性别因素保持了足够的关注？	(1) 强烈关注社会性别因素(机会、能力、安全和赋权) ①对女性参与的障碍做了深度识别 ②包括高薪目标干预中充分考虑社会性别相关因素 ③基于目标或特定社会性别计划,为达到期待结果而制定的深度规划 (2) 社会性别的特殊分析高度反映了世界银行在乡村发展、反贫困等方面的发现
在准备阶段,社会性别因素是否得到了识别？	(1) 关键性别要素很清楚地被以可分解的方式识别 (2) 项目背景包括: ①讨论了项目结果对男性和女性的影响 ②如何让女性参与和合作以达到项目目标 ③识别出的男性与女性在需求、限制、机会和兴趣方面的差异 ④在项目可能对女性影响的分析中讨论了女性利益项目受益人的参与问题 (3) 社会性别被作为项目一个主要的因素,干预行为是响应高薪目标的行为

---

① World Bank. Applying Gender Action Plan Lessons: A Three-Year Map for Gender Mainstreaming (2011—2013), 2010: 28-29.

续表 9－1

社会性别发展行动计划的不同阶段	理想状态
是否有可操作的特定行为或措施以确保项目利益中包含了女性？	（1）响应高薪目标的行为被纳入了项目构成之中，包括了男性和女性，而且很好地反映了社会性别分析工作的发现 （2）在项目对男性和女性群体影响的分析中，女性受益人积极地参与——积极参与到和被整合到项目设计和实施计划之中 （3）项目包括了针对项目方员工的、基于性别差异及其与项目目标关系的培训计划
是否对给女性授权（增加财产、提高能力、增加发声机会）之潜在影响做了评估	（1）项目对女性授权的评估揭示出，女性更有可能获得如下三种或更多资源： ①教育 ②土地或贷款 ③就业或代际传递收入的活动 ④领导岗位 ⑤生育健康 ⑥项目 ⑦社会网络 （2）明确指出女性可能在以下三个或更多领域获得显著成功： ①教育 ②就业或收入 ③代际活动 ④授权（在不同层次的领导） ⑤法律体系 ⑥健康和生理福利 （3）其他 项目结果应与千年发展计划、乡村社会性别评估和其他社会性别项目取得的成绩相联系
是否有机制去监测社会性别（发展行动计划）之影响？	（1）充分的关于性别的资料（做了分解的资料） （2）监测和评估中社会性别特定目标实现的情况 （3）男性和女性受益人在监测和评项目中都得到了充分的咨询

9.3 社会性别发展行动计划的内容

社会性别发展行动计划的内容视需要应包括下列各项：

法律框架：（1）女性在该国宪法、法规和辅助法规（规章、行政命令等）中所反映的法律地位;(2)国家性别平等与女性发展的报告、白皮书或其他纲领性文件;(3)世界银行关于社会性别的业务守则、相关规定以及与性别平等和女性发展相关的纲领性文件(也包括联合国"千年发展目标"之类的文件)。

基本资料:(1)项目所涉及地区的人口结构,特别是女性群体的规模和年龄结构等基本信息;(2)当地的经济结构、职业结构和收入结构,特别是女性群体在经济、职业和收入等方面的结构性特征;(3)项目所涉及社会中女性在家庭、社会和国家中的地位和角色;(4)女性群体相关的社会与文化传统以及女性与男性群体的关系。

风险与影响分析:(1)项目及子项目与女性群体的相关性,社会影响评价中社会性别分析的基本情况;(2)项目及子项目实施对女性群体的正面影响和潜在的负面影响以及这些影响的表现方式;(3)项目实施对当地性别平等可能引发的风险;(4)女性群体对项目及其项目可能对自己产生影响的认知。

参与战略:制定实施一些机制,保证女性群体在项目的计划、实施和评价的全过程都能参与决策。她们应有自己的代表组织,可以提供有效的渠道,反映她们的意愿。社区中不同阶层或类别的女性,应吸收她们参加计划制订工作,同时应适当注意确保女性有真正的代表性。但为了拟订适合项目地区情况的办法,往往需要采纳社会性别方面和熟悉当地情况的社会学家、人类学家的建议。

发展活动和减缓活动的技术识别:技术建议应有世界银行接受的合格专业人员通过现场调查后提出。建议提供教育、培训、健康、信贷、法律援助等项服务时,应编写详细的介绍,并应通过评估。对生产性基础设施方面计划提供投资时,应附加技术说明。借鉴以往类似社会性别发展行动经验的计划往往比完全采用新原理和新体制的计划更能顺利实施。

机构能力:负责女性工作的政府机构往往能力不强,对这些机构的工作记录、设备能力和需要进行评估是一项根本要求。需要通过世界银行援助加以解决的组织机构问题包括:(1)是否具备投资活动和现场工作所需资金;(2)有经验的专业人员是否足够;(3)女性自己的团体、当地行政当局和非政府组织是否有能力同专业化的政府机构打交道;(4)执行机构是否有能力调动其他机构参与项目的实施;(5)现场能力是否充足。

实施进度:项目内容应包括一个实施进度表,列明时间基准,以便定期检查进度。往往需要安排试点,以便提供规划信息,使有关女性的项目内容同主要投资项目进度步调一致。该计划应使项目活动在资金全部支付以后仍能长期持续发展。

监测评估:提供具体可供衡量行动计划实施进度以及落实效果的指标。

9.4 案例分析

辽宁省绥中县城区排水系统改造工程项目社会性别分析

辽宁省绥中县是中国东北的西大门,为山海关外第一县,是东北与华北政治、经济、文化、对外交流的结点城市,同时也是辽宁沿海经济带的西部起点。最近几年,绥中县经济发展迅速,基础设施落后的矛盾更加凸显。绥中县现有的排水体制为雨污合流制,排水设施不完善,县城内排涝标准低,东西两条排水渠已经存在多年,经过多年雨水冲刷,大量沙土流入,渠内淤积、堵塞严重,造成渠底抬高,渠断面变小,排水线路长且下泄不畅,不能满足城市快速排水要求,每遇暴雨,县城低洼地段受淹严重,排洪、排水能力逐年下降,直接威胁到绥中县城区人民生命财产安全,充分暴露了该区的排水矛盾以及现状排水体系的不合理性。本次利用世界银行贷款绥中县城区排水系统改造项目旨在改善绥中县城区排水条件,创造良好的人居环境,满足保障公众健康和经济可持续发展的要求。

9.4.1 项目简介

项目设计范围为绥中县城区南北长约3.5公里,东西宽约2.9公里的建成区域,包括三项内容:(1)东西两条排水渠的清淤、疏浚;(2)城区内现状主要道路及住宅小区外道路的排水管网改造和污水管网建设;(3)排水构筑物建设。主要工程内容如下:

污水管网建设:36 550米,其中DN300管线3 430米;DN400管线3 260米;DN500管线2 585米;DN600管线3 455米;DN700管线1 860米;DN800管线6 962米;DN1000管线14 998米。

雨水管网建设:24 915米,其中DN300管线2 415米;DN400管线3 450米;DN500管线1 685米;DN600管线3 260米;DN700管线2 565米;DN800管线4 660米;DN1000管线6 880米。

排水渠改造:6 999米,其中东排水渠改造3 529米;西排水渠改造3 470米;并配套建设排水渠两侧的设施带和人行步道。

排水构筑物:污水检查井610座;雨水检查井450座;雨水口500个;进水口36个。

表 9-2 项目建设内容及移民影响一览表

序号	项目内容	具体建设内容	主要移民影响
1	排水管网改造和污水管网建设	污水管网建设 36 550 米 雨水管网建设 24 915 米	永久占有集体土地 0.77 亩,影响 3 户,9 人。拆迁房屋面积 2 499.07 m^2,影响 32 户,98 人
2	排水渠改造	东排水渠改造 3 529 米 西排水渠改造 3 470 米	
3	排水构筑物建设	污水检查井 610 座;雨水检查井 450 座;雨水口 500 个;进水口 36 个	其移民安置影响包含在排水管网改造和建设中,无移民影响

项目概算总投资 26 750 万元,其中工程费 23 876.3 万元,工程建设其他费 2 094.7 万元,预备费 779 万元。其中拟申请世界银行贷款 2000 万美元,(折合人民币 13 660 万元,按 1 美元=6.83 元人民币计算),占项目总投资的 51.07%,其余资金由绥中县地方财政自筹解决。根据本工程的规模和工程技术施工条件,工程计划于 2013 年 5 月开工建设,2015 年 5 月竣工。

9.4.2 项目影响范围及社会性别分析范围

本项目征地拆迁活动涉及绥中县下辖的 2 个乡镇,共 3 个村和 1 个社区。项目移民影响范围详见表 9-3。本项目的社会性别分析基于项目移民安置影响范围。2012 年 3 月,在项目办的协调下,河海大学对本项目的受影响的村/社区进行了社会经济调查,在这一过程中充分听取了女性对项目的需求、想法和建议,并与相关机构进行了沟通和建议。

9.4.3 项目社会影响调查过程

在项目准备阶段,为了加强项目各利益相关者的公共参与程度,2012 年 3 月 15 日至 3 月 21 日,移民安置计划调研组实施了大量的参与式调查,开展了社会经济调查。调查方法和过程如下:

(1) 查阅资料。收集项目进展情况的各类文件,查阅项目办提供的相关信息以及项目区区位、历史沿革、自然状况、经济社会发展等。

(2) 通过对项目实施区的实地观察,了解移民影响范围、对村/社区和移民可能的影响及存在的潜在问题。

(3) 召开村委会、居委会、受影响人口,女性代表,弱势群体代表座谈会,了解政策宣传及满意度、移民安置工作情况、家庭人口、收入状况、消费状况、生活环境状况以及他们对目前生活的满意度情况。

(4) 对附近居民进行抽样调查,开展了深入的访谈,了解移民在准备阶段的参与程度、现有的生产生活情况、搬迁的需求和建议等。

(5) 对政府职能部门包括绥中县国土局、拆迁办、民政局、社保局、妇联、民宗局等机构进行关键信息人访谈。

表9-3 项目影响范围一览表

子项目名称	项目内容	建设内容	用地情况				拆迁面积（m²）			征地拆迁涉及的村/社区	备注
			永久用地（亩）		临时用地（亩）		住宅房屋	非住宅房屋	无证建筑		
			国有	集体	国有	集体					
绥中县城市排水及再生水回用工程	排水管网改造和污水管网建设	污水管网建设，长36 550 m	0	0	0	0	0	0	0	/	管网建设的征拆量包含在排水渠征拆量之内
		雨水管网建设，长24 915 m	0	0	0	0	0	0	0		
	排水渠改造	改造东排水渠3 529 m	0	0.13	0	12.51	202.94	65	666.43	内东村、西园村、香坊村、西关社区	/
		改造西排水渠3 470 m	0.35	0.64	6.24	19.77	323.9	90	1 305.8		
	排水构筑物建设	污水检查井610座；雨水检查井450座；雨水口500个；进水口36个	0	0	0	0	0	0	0	/	结合东、西排洪渠改造施工，其所涉及的移民安置影响量包含在排洪渠的建设中
	合计		0.35	0.77	6.24	32.28	526.84	155	1 972.23		

表 9-4 项目公众参与情况一览表

事项	数量	参加者	描述	时间	备注
焦点组座谈	4	项目办、绥中县各政府相关部门和机构、相关乡/镇负责人、相关社区/村委会负责人、受影响商铺代表以及受影响居民代表	关于本项目的态度、需求、期望以及问题	3月16日—3月20日	移民安置计划调研小组为各利益相关者提供一个参与项目、共享信息的机会。同时还调查了不同利益群体（包括女性、贫困和少数民族等群体）的利益和需求。给项目区内的受影响人口提供参与公共事务的机会
入户访谈	25	项目区的店铺负责人及居民代表及服务范围内居民	征询对项目的态度，对项目设计的意见和建议	3月16日—3月20日	
实地参与观察	4	移民安置计划调研小组、项目办	了解项目区群众的社会生活情况；项目区道路现状、居民主要出行方式及路线	3月11日—3月17	

9.4.4 项目社会影响分析

1. 项目正面影响

绥中县排水系统改造工程项目旨在通过东西排洪渠的改造和沿线管网的铺设，实现绥中县城区内雨污分离的排水体制，完善城市排洪功能。

经调查小组实地调查发现，项目的实施将进一步完善绥中县城区市政基础设施，有效缓解城市排污、泄洪压力，实现雨污分离的排水体制，消除污水排放对环境的污染，保护城市饮用水水源，降低污水处理成本，保护当地居民的身体健康，创造良好的人居环境，提高城市综合竞争力，达到环境保护和城市防洪的效果。项目的经济指标良好，社会效益显著，与城市的发展具有良好的互适性。

2. 项目负面影响

项目在施工过程中也存在一定的负面影响。由于土方开挖、排水管材堆放会造成施工路段的交通运输拥挤，给居民出行带来不便；大型施工机械施工会产生较大的噪音，对施工场地附近的居民生活造成一定干扰；同时施工时会产生扬尘，给城市环境带来影响。

3. 相关建议

(1) 针对施工中的负面影响,在施工过程中应采取一些安全环保措施,减少环境和噪音污染。

(2) 在施工中,少占或者不占交通干道,对于施工材料和施工工具应安排专门的位置堆放,避免影响附近居民出行。

(3) 经调查发现,各村内垃圾回收设施不足,明渠附近的居民普遍将生活垃圾丢弃到排洪渠内,造成环境的严重污染。因此,项目业主应积极完善当地基础设施,在各村/社区内建立垃圾中转站和垃圾箱,避免排洪渠改造完成后垃圾乱丢乱扔现象。

(4) 注重政策宣传,加强对公众的环境和卫生意识培训,提高当地居民环保意识,巩固项目建设成果。

9.4.5 项目影响区女性状况

2010年年底,绥中县男女性别比为107:100,全县共有女性人口306 782人,调查组采取入户访谈、发放问卷、组织女性座谈会等方式抽样调查了项目影响区域内的女性情况。在受影响移民中,未发现丧偶、离婚、被遗弃等原因造成的单身女性劳动力为主的家庭户。

教育状况:根据社会经济调查的结果显示,项目区内女性受教育程度明显低于男性。例如,具有高中文化程度的男性比例(28%)高出女性(21.32%)6.68个百分点;具有大专及以上文化程度的女性(6.72%)低于男性(16.13%)9.41个百分点。而文盲的女性(8.26%)明显高于男性(4.28%)。受教育水平情况详见表9-5。

表9-5 调查样本受教育水平分性别统计

教育水平	女性(%)	男性(%)
文盲	8.26	4.28
小学	36.8	21.34
初中	26.9	30.25
高中(包括中专、技校、职高)	21.32	28
大专及以上	6.72	16.13
总计	100	100

职业构成:从女性从事的职业来看,她们主要从事农业生产、家庭照料等。受传统认知的影响与制约,项目影响区女性外出打工的现象较少,未外出务工的女性中:负责照料家人的占41.93%,从事农业生产的占32.25%,从事家务劳动的占16.13%,经营店铺的占9.69%;少数女性跟随丈夫、亲属外出务工;少数女性在就近

的县、镇务工(如绥中县城的饭店、宾馆、加工厂等)。

收入状况：女性从事的职业限制了她们的经济收入,在人们看来,在农村种地、家务劳动、照料家人是不算作经济收入的,只有男性外出务工挣的钱才算作是经济收入。因此,女性收入的隐性化阻碍了她们在家庭中经济地位的提升。

社会地位："男主外,女主内"依然是绥中县农村及城郊地区的传统,世代沿袭的民风民俗又增强了这一传统的稳定性。在问及"家庭重大事务由谁做主"时,在接受调查的家庭中,64%的家庭选择了"丈夫";28%的家庭选择了"长辈";8%的家庭选择了"大事是由女性说了算"。社会参与方面,在问及"如果在村/社区里召开会议,您家通常会让谁去参加"时,60%的家庭选择了"丈夫";28%的家庭选择"长辈";12%的家庭选择"妻子",可见,女性在社会参与方面还是很不够的。

调查发现,项目影响区内的女性受教育程度不高,主要从事农业生产、家庭照料等活动,经济、社会地位较低,在家庭中处于从属地位。

9.4.6 项目对女性的影响分析

1. 正面影响包括

(1) 改善居住环境,减少水源性疾病发生率

经调查,绥中东、西两条排水渠目前排放污水的大小水口有 80 多个,每天入渠污水流量为 0.06~0.12 m^3/s,总量每日约 12 000~18 000 m^3。同时,排水渠两边居民经常向渠内倾倒生活垃圾,造成河道排水不畅,每到夏天,排水渠周围恶臭刺鼻,蚊虫肆虐,环境污染非常严重,严重影响了城市环境及周边单位、居民和过往群众的正常生活,危害了居民的身体健康。

通过对女性的问卷调查结果得知,当地女性了解本项目建设内容,在问及"是否支持本项目建设"时,有 97.38% 的女性选择了"支持";在"您认为项目正面影响与负面影响哪个更大"问题上,有 98.59% 的女性选择了"正面影响远大于负面影响"选项。在访谈中,香坊村的赵大姐对调查人员说："修渠道是好事啊,这沟现在又脏又臭的,大家都受不了,前年夏天这边涨水,都涨到炕边上了,行李东西什么的全给泡了。"通过访谈和座谈会的结果显示,女性认为本项目对两条排洪渠的治理和同时进行的排水、排污、绿化等工程能够有效改善环境卫生条件和附近居住女性的健康状况,同时使安全饮用水得到保证。

此外,受访谈的女性还认为项目的实施还可以降低她们接触污染水的几率,减少水源性疾病的发生率。

(2) 增加就业机会,提高经济收入

项目施工过程中将优先提供约 50 个非技术岗位给包括女性在内的脆弱群体,这

些工作机会将增加女性的经济收入,提高女性的家庭地位。

经过对东西排洪渠的改造后,项目区周边的村落和社区的环境将得到很大提升,为附近村镇和社区的发展提供条件。基础设施的改善可以吸引部分企业进行投资,增强项目区女性的就业机会;环境改善后,人流物流量也会增加,临街居住的女性也可以开展店铺经营,提高经济收入和生活水平。

(3) 减轻家务劳动负担

项目区的女性负责绝大部分家务劳动,倾倒污水的工作往往由家庭主妇完成。项目建设前,由于管网系统建设不完善,女性往往需要到离家较远的地方倾倒污水;本项目进行排水管网改造和污水管网建设后,家庭产生的生活污水接入管网系统,污水得到有效的管理和排放,能够减轻一些女性的家务劳动负担,降低劳动强度。

2. 负面影响包括

(1) 施工期间产生噪音影响

项目建设中,大型施工机械施工会产生较大的噪音,会对施工场地附近的居民生活造成一定影响。女性作为家务劳动的主体,在家从事劳作的时间多于男性,受到噪音干扰的几率较大。

(2) 造成一定出行不便

施工过程中,由于土方开挖、排水管材堆放会造成施工路段的交通运输拥挤,给居民出行带来一定不便。

(3) 存在一定安全隐患

由于部分渠道目前为明渠,没有顶盖,为开放式,如果有儿童在附近玩耍,则存在一定安全风险。另外,在施工过程中,由于道路开挖等也会对附近行人造成一定的安全隐患。

3. 潜在风险分析

根据焦点团体访谈以及针对女性个人的深入访谈的结果,项目虽然会使女性受益,但如果项目的设计、实施以及运行管理中,缺乏社会性别的敏感性,则项目也存在着一定潜在风险。主要风险表现在以下几个方面:

(1) 女性的环保意识和节水意识不强

因为女性在与水密切相关的家务劳动中扮演着重要角色,因此她们的环保意识和节水意识在某种程度上决定着家庭用水的模式和污水处理方式,因此影响着项目效益的发挥。

(2) 部分女性形成了向渠内倾倒垃圾的习惯

经调查发现,项目区内居民的生活垃圾丢弃主要由家庭女性承担,由于当地基础设施不够完善,缺少垃圾回收设备,许多沿渠居住的女性选择直接将垃圾倾入渠中。

如果不采取有效措施改变这一状况,东西排洪渠改造完成后,也存在着被生活垃圾重新堵塞而导致排水不畅的风险,影响项目功能的实现。

9.4.7 行动建议

1. 增强项目正面效益的措施

(1) 通过对东西排洪渠的改造及相关管网的铺设,改善居民的居住环境,提高身体健康水平。

项目建设内容包括:东西两条排水渠的清淤、疏浚及沿岸绿化带设置;城区内现状主要道路及住宅小区外道路的排水管网改造和污水管网建设;排水构筑物建设。

这些建设完成后,将有效提高城市基础设施水平,完善排水功能,改善居民的居住环境,减少与污水接触较多的女性群体的疾病发生率,提高身体健康水平。

(2) 增加就业机会,开展劳动技能培训,促进女性劳动力非农转移。

项目的施工会大约提供50个非技术工作岗位,这些岗位将优先提供给当地包括女性在内的脆弱群体;另外,项目区内的女性有接受家政服务、外出务工等劳动技能培训的意愿,因此她们也应该是技能培训的重要目标群体。实施技术培训时要考虑到女性的需求。

项目区内的女性大多数是家务劳动的主要承担者,因此她们参加培训的时间往往受限制。而且,项目区内的女性受教育程度较低,接受技术培训的能力有限。然而这些因素不应成为这些女性接受技术和技能培训的限制。在培训时间上要考虑到女性家务劳动的特点,可以选择晚上的时间进行;在培训方式上不要采用单纯的科技书上知识的宣讲,而应注重教学方法的实用性和现场示范。

2. 降低项目负面影响及风险的措施

(1) 完善基础设施建设,建设垃圾回收系统。

项目业主应积极完善受影响区基础设施,在各村/社区内建立垃圾中转站,每隔适当距离设立垃圾箱,对垃圾进行回收处理,建设垃圾回收系统,有效规避项目完成后的重复污染风险。

(2) 加强宣传教育,提高女性环保意识、节水意识以及安全意识。

依托妇联、环保局等相关机构,对项目影响区女性开展环保、节水、安全意识等方面的培训;还可以通过各村/社区宣传栏、"妇联园地""女性之家"等阵地以及悬挂横幅、发放宣传单等方式来提高女性环保意识和出行安全意识。在宣传和培训中,要对受影响区的女性强调保护环境的重要性,使女性养成将生活垃圾倒入垃圾箱的习惯,保持排洪渠的畅通和周边环境的整洁,保障项目正面效益的充分发挥。

(3) 降低施工建设对居民生活的影响。

施工单位要采用分段施工,减少对居民出行的影响;要合理安排施工时间,昼间施工应采取临时性减振、降噪措施来降低噪音污染,控制施工场地和交通道路噪声,减轻噪音对周围居民和施工人员的影响。还应在施工现场设置一些警示牌和警戒线,提醒行人注意安全。

(4) 合理引导,促进女性在项目中的参与。

在项目设计阶段要充分听取女性的意见,征集女性的意愿,考虑到女性的诉求和建议;项目实施过程中,要确保有非技术就业岗位优先提供给女性及其他脆弱群体;女性可参与到补偿标准以及安置方案的协商,在领取征地补偿款时,要确保女性可以签字领取。

项目社会性别发展行动计划表见表9-6。

表9-6 项目社会性别发展行动计划

行动建议	实施机构	时间	具体行动	资金来源	监控指标
一、增强项目正面效益的措施					
1. 通过对东西排洪渠的改造及相关管网的铺设,改善居民的居住环境,提高身体健康水平	设计单位、实施单位、项目办	2013—2015	(1) 东西两条排水渠的清淤、疏浚 (2) 城区内现状主要道路及住宅小区外道路的排水管网改造和污水管网建设 (3) 排水构筑物建设	项目预算经费	排水渠畅通程度; 管网铺设合理度; 夏季住户受淹情况; 居民对改造后环境的满意度
2. 增加就业机会和收入,开展及劳动技能培训,促进女性劳动力非农转移	设计单位、实施单位、项目办、绥中县妇联、农业局、社保局、项目区乡镇政府、村委会、居委会	2014—2015	(1) 大约提供50个非技术工作岗位,岗位优先提供给女性及其他脆弱群体 (2) 根据女性的实际需求开展农业技术培训、服务业培训、手工制造业培训等 (3) 以女性能够接受的时间和方式开展培训	项目预算经费、相关机构的培训经费	(1) 非技术就业岗位中项目区内受影响女性的比重 (2) 项目区内的脆弱群体(包括女性和贫困人口)在项目实施中的非技术岗位中就业人次 (3) 开展相关培训的次数和接受培训的人次

续表 9-6

行动建议	实施机构	时间	具体行动	资金来源	监控指标
二、降低项目负面影响及风险的措施					
3. 完善基础设施建设，建设垃圾回收系统	设计单位、实施单位、项目办、绥中县环卫局	2013—2015	村内建设垃圾中转站、垃圾箱	项目预算经费	（1）垃圾中转站建立的地点及数量 （2）垃圾箱设置数量和间隔距离 （3）居民对垃圾回收装置满意度
4. 加强宣传教育，提高女性环保意识、节水意识以及安全意识	设计单位、实施单位、项目办、绥中县妇联、环保局、项目区各乡镇、村委会、居委会	2013—2015	（1）开展环保、节水、安全等方面的相关培训 （2）通过各村/社区宣传栏、"妇联园地""女性之家"等阵地以及悬挂横幅、发放宣传单等方式提高女性环保意识和出行安全意识	绥中县财政、相关机构的培训经费、宣传经费	开展的各类技能培训的次数、参加人数及构成；宣传栏、横幅、标语的覆盖范围及数量
5. 降低施工建设对居民生活的影响	设计单位、施工单位、项目办、绥中县环保局、建设局、项目区各乡镇、村委会、居委会	2013—2015	施工单位采用分段施工，减少对居民出行的影响；采取措施降低噪音污染，控制施工场地和交通道路噪声；禁止夜间施工；严格遵守噪声标准；施工现场设置一些警示牌和警戒线，提醒行人注意安全	环境影响管理计划经费	（1）施工单位与当地群众发生纠纷的记录 （2）施工期间所采取的低噪音的工艺及技术 （3）夜间施工的次数 （4）施工期间的噪声标准 （5）设立警示牌牌的个数
6. 合理引导，促进女性在项目中的参与	设计单位、施工单位、绥中县妇联、项目区乡镇政府、村委会、居委会	2013—2015	（1）项目设计阶段要考虑到女性的需求和建议 （2）项目实施中确保有非技术就业岗位优先提供给女性及其他脆弱群体 （3）确保女性在领取征地补偿款时可以签字领取	项目预算经费	（1）女性的需求和建议记录 （2）女性就业人数 （3）女性签字比例

第 10 章　利益相关者参与和信息公开

在世界银行看来,项目方和利益相关者之间信息的公开、透明有重要的意义,是国际惯例最基本的要素。利益相关者有效地参与能够提高项目在环境和社会中的合理性,提升项目的可接受度,能够为项目的设计和建设作出最有意义的贡献。利益相关者的参与贯穿于项目的始终,利益相关者的参与支持更强大的、富有建设性的、积极反应与项目的环境和社会风险的成功管理相关联。利益相关者在项目开始就参与到其中,并成为项目早期决策和评估中不可缺少的一个组成部分,成为管理和监督项目环境与社会风险与冲突中的组成部分。

所有的环境与社会标准都必须参照 ESS1(即环境与社会风险和影响评估)来阅读和理解,与工作相关的参与要求要参阅 ESS2,与应急特别条款相关的参与要求则在 ESS3 和 ESS4 中有明确要求。如果项目涉及非自愿移民、土著人群(少数民族)和文化遗产,借款方需要运用专门的协商和信息公开要求,这些要求在 ESS5、ESS7 和 ESS8 中都有明确规定。

10.1　利益相关者参与的目的和意义

(1) 为项目利益相关者建立一种系统的方法,帮助项目方确定利益相关者,双方建立和保持一种稳定的关系。

(2) 评估利益相关者对项目关注和支持的水平,考虑提升利益相关者工程设计和社会实践中的视野。

(3) 确保项目涉及环境和社会风险和冲突的相关信息以及时的、易理解的、恰当的方式或计划公布给利益相关者。

(4) 给项目受影响者提供合理的方法和手段,解决利益相关者的问题和抱怨,要求项目方对抱怨进行回应和处理。

(5) 大型基础建设项目中,通常会对涉及公众产生或大或小、或直接或间接的影响。如果由此产生的问题处理不当,可能会给相关公众的生产、生活带来许多困难,使项目地所在社区潜在的各种矛盾、冲突趋于活跃,甚至产生比较严重的社会风险[1]。

---

[1] 唐传利,施国庆.移民与社会发展国际会议论文集[M].南京:河海大学出版社,2002:191-207.

（6）公众参与通过调查、规划、实施和管理过程中的各种参与和协商活动，有助于消除项目对于将来失去土地等各种资源、生计、社区和社会关系网络，或者在补偿、安置等权利资格的复杂谈判中可能被欺骗的担心，并赋予项目对其生产、生活安置和重建活动决策的权力。

（7）协商和参与对于实现保障政策的目标是至关重要的。世界银行的现有保障政策有各种协商要求，保证在制订保障计划时事先与受影响人进行协商，并在项目执行过程中继续进行协商，以识别和处理可能出现的保障问题。有效协商应包括：在项目准备阶段就开始协商，并且在整个项目周期中坚持协商活动；以适当的方式，及时向受影响的人群披露足够的有关信息；在协商过程中不能有威胁或强迫；不应存在性别歧视，考虑贫困人群和弱势群体的需求；在做出决定时，应考虑所有受影响的人群和其他利益相关方的意愿，如项目设计、影响减缓措施、分享发展成果和机会以及执行方面的问题。

10.2 项目准备阶段的参与

10.2.1 项目利益相关者的识别与确定

在识别项目受影响者的过程中，可以将覆盖面更广一些，以确保不要遗漏，但在确定受项目影响者的过程中，要防止非影响者的涌入。利益相关者包括直接受项目影响者或可能受项目影响者以及可能与项目有相关利益者。由于特殊的环境可能有些群体处于不利或弱势的地位，因此项目方还要进一步确定项目工程对不同群体的影响次序。以项目潜在的环境和社会风险为依据，聘请独立的第三方专家评估利益相关者，进行综合分析。

在确定项目利益相关者时，政府与设计单位、项目主管部门及其有关职能部门、乡（镇）政府、村组代表、项目有关影响人应共同参与大量的调查、测量、登记、统计工作；村组代表对受影响的集体所有土地及财产数量确定并签字、盖章，项目影响者及产权人（包括妇女）对房屋及其财产的确定并签字、盖章；组、村、乡（镇）、县层层盖章；广泛收集所需的社会经济资料，听取项目影响人、村组、乡镇及县政府对项目影响人意向及相关方案的意见。

10.2.2 利益相关者参与计划

在与世界银行协商的基础上，项目方需要制订和完善利益相关者参与计划书（SEP），计划书要划定环境和项目的范围潜在的风险及影响。利益相关者计划书草案要在项目评估之前尽早公示，项目方要争取利益相关者关于计划书草案的看法，包括受影响者的确定更进一步参与的建议。若是对计划书有很大的改变，项目方要公示变更后的计划书。一旦世界银行和项目方对项目达成协议，就要及时出台利益相关者参与计划书，包括在项目实施的整个过程中利益相关者参与的时间节点及方法、涉及信息的范围和时间、直接的影响群体和利益相关者。

SEP 将充分考虑利益相关者的主要特征及其兴趣，针对不同的利益相关者将采取不同层次的参与和咨询。SEP 确定了在项目准备和实施阶段如何与利益相关者沟通的方式，还将描述如何采取措施移除参与的障碍和不同群体的关注如何得到反映等。在运用时，SEP 明确了确保识别出的脆弱性或弱势群体有效参与的不同措施。当利益相关者的参与涉及人群和社区代表时，贷款方一定要确认他们是否足以代表当地人和当地社区的观点。如果足以代表，他们将以合适的方式参与到项目方与社区的沟通过程之中。

SEP 也可能勾勒出一套框架，列出利益相关者参与计划的基本原则和协作策略，当然这必须与 ESS 相关标准相适应。

10.2.3　信息公开

贷款方将公开项目信息，以便于利益相关者理解项目存在的风险和影响，以及潜在的机遇。在世界银行项目评估之前，贷款方就要尽早为利益相关者提供下列信息。

（1）项目的目的、性质与范围。

（2）项目实施过程的时间段。

（3）项目在当地社区的潜在风险和影响，降低风险的建议，最易受到影响的群体和其他弱势群体，采取降低风险的不同措施。

（4）提出利益相关者参与的过程，明确利益相关者参与的形式。

（5）公众参与协商的地点和时间。

（6）申诉抱怨的渠道和形式。

所有信息将以地方语言和符合受影响群体文化习俗的方式披露，还必须充分考虑一些群体的特殊需求。

10.2.4　有效协商

借款方必须与利益相关者进行有效协商，为利益相关者提供表达他们关于项目风险、影响、减缓措施意见的机会。有效协商也要求借款方充分考虑这些意见，并做出反馈。因此，有效协商是一个双向的过程：

（1）在项目计划阶段就要启动，旨在为项目搜集建议和完善项目设计。

（2）鼓励利益相关者反馈信息，因为利益相关者在识别和减少环境与社会风险和影响方面的参与对完善项目设计至关重要。

（3）当风险与影响上升时，在已有基础上持续开展有效协商。

（4）以先前信息披露和宣传为基础。

（5）充分考虑反馈信息并做出回复。

（6）支持项目受影响群体积极参与。

（7）免于外部控制、干涉、强制、歧视和胁迫。

（8）将有效协商内容记录在案，并及时公开信息。

10.3　项目实施过程中的利益相关者参与

借款方在项目生命周期中要持续向项目受影响群体和其他相关群体提供信息和参与通道，在方式上要充分考虑这些群体的关注点和项目潜在的环境与社会风险及影响。在这个过程中，借款方要按照SEP有序推动利益相关者的参与。更重要的是，借款方必须搜集利益相关者在项目环境与社会表现方面的反馈性意见和建议，落实在ESCP中要求的减缓措施。

如果在项目周期中出现重大变化，出现了新增风险和影响，尤其是当这些风险和影响对项目受影响群体产生影响，借款方就要向项目受影响群体提供与风险和影响相关的信息，并与之就如何减缓这些风险和影响展开有效协商。借款方需要公开新近修改或改进的ESCP，并明确采取了哪些新的减缓措施。

10.4　申诉机制

借款方需要对项目影响群体关于项目环境与社会表现方面的关注和申诉及时进行回应。为此，借款方将设置并落实申诉机制，以接收上述关注和申诉，并加以解决。申诉机制应根据项目潜在风险和影响而设，将采取外部与内部两种形式。

申诉机制应有效和及时处理受影响群体的关注，在形式上应该是透明的、符合受影响群体文化的和便于该群体操作的。必须说明，申诉机制并不与司法和行政的解决方式相冲突。在社区参与活动开展的过程中，借款方就要明确告知受影响群体存在申诉机制，并向公众发布。申诉机制应该允许匿名抱怨或举报，并要与其他关注和申诉一样被及时和有效地处理。总的来讲，申诉机制包括以下重要内容：

（1）为申诉者提供不同的申诉形式，比如信件、电话、邮件或其他。

（2）所有申诉都被记下来，并保存在数据库中。

（3）公开申诉程序，设定关注、回复和解决申诉的时间表。

（4）申诉程序等应该是透明的。

（5）当对申诉不满意时，可采取上述程序。

10.5 案例分析

世界银行贷款昆明市轨道交通项目公众参与活动

昆明市轨道交通3号线工程，是昆明市轨道交通远景规划的"三主三辅"中重要的组成部分，周期为4年零10个月，工程总投资约116.9亿元。识别项目利益相关者是有效展开公众参与活动的前提，经过对项目所在区域的实地踏勘并结合项目设计部门提供的相关信息，主要参与者为：一般城市市民；受征地影响企业、店铺；受征地影响的家庭；受征地影响单位；受拆迁影响企业和店铺；受拆迁影响的家庭；受拆迁影响的单位；受项目建设间接影响的企业、单位、家庭和个人。公众参与的主要目的：在项目准备和设计阶段，向项目涉及的各利益相关群体发布项目建设信息，征求意见和建议；公众参与和信息交流沟通实现项目准备和设计的最优化；收集相关群体的抱怨、意见和建议，实现项目社会价值的最大化。

10.5.1 公众参与活动的概况

昆明市轨道交通3号线工程，是昆明市轨道交通远景规划的"三主三辅"中重要的组成部分。根据2009年12月中铁二院工程集团有限责任公司编制完成的《昆明市地铁3号线工程可行性研究报告》，地铁3号线线路长度19.54 km，其中地下线包括眠山站至东部客运站站部分，线路长14.7 km，占全长的75.3%；高架线及过渡线包括石咀站至马街站段和虹桥村至东部客运站段，线路长4.84 km，占全长的24.77%。全线共设车站19座，其中地下站16座，高架站3座；在石咀设置车辆段1座，放马桥设停车场1座，主变电站2座。

在3号线项目处于准备阶段的过程中，昆明市于2010年5月正式启动了轨道交通的首期工程1、2号线的建设。按照计划，地铁3号线项目也应于2010年开工建设，施工总工期为4年零10个月。

2010年6月上旬，世界银行昆明市地铁3号线项目准备团访问昆明，与昆明市政府以及昆明市轨道交通有限责任公司达成一致，为最大限度拓展项目的社会效益和经济效益，在地铁3号线的准备、建设和营运过程中引入公众参与机制。在项目的准备过程中，发动广泛而深入的公众参与活动，就地铁3号线项目的工程设计、环境保护、移民安置、营运管理等一系列内容，向市民发布相关信息，征求意见和建议，在参考收集的意见和建议的基础上改进和完善项目准备工作。

10.5.2 公众参与活动的目的

围绕世界银行贷款昆明市轨道交通 3 号线项目展开的公众参与活动，预期达到的目标有：

在项目准备和设计阶段，以灵活而多样的方式，向项目涉及的各利益相关群体发布项目建设信息，征求不同性别、不同年龄、不同阶层、不同出行方式的昆明市民对线路走向、站点设置、出口设计、交通组织、建设管理、受影响居民和企事业单位的补偿和恢复等方面的意见和建议。

对收集的相关信息进行归纳和分析，提供给项目业主单位和设计部门以及其他相关部门，优化项目设计和项目实施管理，并将各种优化措施向社会公众公开反馈，通过持续的公众参与和信息交流沟通实现项目准备和设计的最优化。

在项目建设的过程之中，通过参与式的公众参与，动态收集项目实施阶段各利益相关群体的抱怨、意见和建议，发现潜在的问题，寻求合理地解决问题的途径，保障项目建设的顺利实施，实现项目社会价值的最大化。

10.5.3 项目利益相关者的识别

识别项目利益相关者是有效展开公众参与活动的前提，经过对项目所在区域的实地踏勘并结合项目设计部门提供的相关信息，本项目的利益相关者主要包括：

一般城市市民。为轨道交通的服务区域所覆盖的人群，既是轨道交通的服务对象，也可能是轨道交通项目建设和营运期间的潜在负面影响的承担者。

受征地影响企业、店铺。可能因为征地使得企业的生产和经营暂时或者永久性受到影响，也可能由于轨道交通带来的便利交通和人流而受益。

受征地影响的家庭。可能因为轨道交通建设失去获得收益的土地，在得到相应补偿后获得新的收入来源。

受征地影响单位。单位的正常工作环境和秩序可能受到影响，也可能得益于由于轨道交通带来的便利交通。

受拆迁影响企业和店铺。因为轨道交通的拆迁，全部或者部分，暂时或者永久性失去经营场所，得到相应补偿，也可能因为轨道交通的建设和营运而受益。

受拆迁影响的家庭。因为轨道交通项目失去住房，获得相应补偿或者新的住所。

受拆迁影响的单位。因为轨道交通的拆迁，全部或者部分，暂时或者永久性失去工作场所，得到相应补偿，也可能因为轨道交通的建设和营运而受益。

受项目建设间接影响的企业、单位、家庭和个人。在轨道交通建设和运营期间受到间接的负面影响，也可能享受到间接的好处。

10.5.4　公众参与活动内容

第一阶段：项目准备阶段的信息发布与意见和建议收集

在项目准备和设计阶段，通过设计单位及相关部门以适当形式向公众介绍项目基本概括，在此基础上展开公众参与活动，了解的主要内容包括：

（1）项目的线路走向是否合理；
（2）站点布局和换乘设计是否方便快捷；
（3）地下车站出口布局和设计是否合理；
（4）交通安全是否有保障；
（5）对特殊人群（如老年人、残疾人、在校学生）需求有无考虑；
（6）轨道交通票价是否合理；
（7）项目建设是否对沿线和周边居民及店铺、单位产生不利影响，如果有，准备采取哪些措施加以解决；
（8）项目建设是否产生环境问题，如何在设计方案时加以优化；
（9）受征地拆迁影响的企业、店铺如何安置和恢复；
（10）受拆迁影响的家庭如何补偿和安置；
（11）各利益相关群体关心的其他问题。

第二阶段：意见的整理、吸收和反馈

在收集到各利益相关群体在公众参与活动第一阶段对上述问题的意见和建议之后，进行系统的整理和分析，将主要意见和建议反馈给相关部门：

（1）有关项目设计方面的意见和建议，反馈给项目设计单位和轨道交通公司，由其牵头对相关意见和建议进行甄别和分析，并作出回复意见。
（2）有关项目环境影响方面的意见和建议，反馈给昆明轨道交通公司和项目设计单位，由其牵头对相关意见和建议进行甄别和分析，并作出回复意见。
（3）有关项目移民安置方面的意见和建议，反馈给轨道交通公司、国土资源部门、相关区、街道部门，由这些部门作出回复意见。
（4）有关项目施工、营运、管理等方面的意见和建议，反馈给昆明轨道公司并通过轨道交通公司向发改委、公交部门、物价部门等相关部门，由这些部门作出回复意见。

各相关单位对公众参与活动收集的意见和建议的吸收和采纳情况，将通过网络平台、沿线各社区公告等形式向公众进行反馈。公众对于相关部门的回复意见可以继续通过公众参与的各种渠道持续进行沟通和交流。

第三阶段：项目实施过程中的参与式监测

在项目实施阶段，公众参与活动主要针对的内容包括：

（1）项目实施是否按照《移民安置行动计划》和《环境管理计划》进行；

(2) 实施过程中产生哪些负面影响,这些影响如何得到控制和减轻;

(3) 受影响居民是否的得到妥善安置;

(4) 受影响企业和店铺是否得到恢复;

(5) 特殊人群是否得到特别关照;

(6) 各利益相关人群有哪些抱怨、意见和建议。

10.5.5 公众参与活动的组织方式

根据有效性和可操作性的原则,昆明市城市交通项目公众参与活动以下列多种形式展开:

利用各种媒体发布公众参与信息。在昆明市发行量较大、社会覆盖面较广的《春城晚报》《都市时报》《昆明日报》、昆明电视台、广播电台以及昆明信息港等传统和现代媒体,发布轨道交通3号项目的相关信息,征求社会公众意见。

发放公开信等宣传材料。在地铁3号线的影响和服务范围内发放2万份宣传材料,通过图文并茂的方式传达信息公告内容。传单的发放主要在沿线人流集中区域或者重点社区、单位进行。

焦点小组(Focus Group)访谈。根据昆明市地铁3号线的初步设计方案,计划针对19个站点以及车辆段、停车场、主变电站所在区域的居民和工作人员,组织覆盖全部社区的焦点小组访谈。访谈对象包括一般社区居民,也覆盖沿线企业、事业单位,老年人、妇女、残疾人等特殊人群在访谈对象中占适当比例。

结构性问卷调查。针对项目准备和设计阶段的特点,设计结构性调查问卷,全面了解项目所在区域市民对轨道交通项目的知晓情况,就项目走向、站点位置、出口安排、地铁票价、安全设施等各种相关内容征求意见和建议。调查样本1 000份,在地铁3号线沿线均匀选取。

座谈会和个别访谈。根据公众参与活动的内容,将分别组织不同形式的座谈会以及针对个别人士的个体访谈收集有关信息。

10.5.6 公众参与活动的实施

2010年6至7月,昆明市地铁3号线项目公众参与活动正式展开。按照《公众参与活动实施大纲》安排,各项活动平行进行,在昆明市民中形成了地铁3号线信息发布和意见、建议收集的高潮。主要的公众参与活动包括:

持续不间断地在各类报刊、电视台、广播电台发布轨道交通项目建设信息,唤起市民的关注和参加热情。以报刊为例,据不完全统计,截至2010年7月中旬,在《昆明日报》《都市时报》《春城晚报》等报刊,发布有关轨道交通项目的信息173条(见附件一),内容涉及轨道交通项目线路走向、站点设置、施工安排、施工期间交通出行的组织、地铁项目的社会经济效益分析等事项。与此同时,昆明电视台、广播电台也同时发布这些信息。通过多元的、立体的、广覆盖的信息发布,使得昆明市民对轨道交通建设有了初步了解,掌握了参加公众参与活动的必要信息,对昆明市地铁建设过程中可能遇到的短期交通阵痛有了心理准备,从而最大限度取得市民的理解和支持。

通过互联网络设立论坛、公众信箱、热线电话等方式,方便市民反馈信息。2010年6月,昆明轨道公司在昆明信息港设立专门论坛,就地铁3号线的建设以及公众参与活动发布信息,征求市民意见和建议。同时,还公布了公共信箱地址和热线电话。据统计,截至2010年7月中旬,已经有4 660人次登录论坛,有133人次在论坛中发表自己的真知灼见,另外有网民发来12份电子邮件,对地铁3号线的建设提出具体的意见和建议。还有20人次通过电话反映自己关心的问题。

通过发放宣传材料和交通出行手册、张贴交通指南等方式扩大轨道交通项目信息覆盖面。自2010年5月以来,共计发放交通出行手册47万份,张贴交通出行指南3万张,在3号线沿线发放具体针对地铁3号线的宣传材料2万份。

进行大规模的结构式问卷调查。2010年6月15日至30日,公众参与小组在3号线沿线地区随机选择普通市民和流动人口进行问卷调查,针对市民的交通出行模式、对3号线建设的意见和建议收集第一手资料,最终获得有效问卷1 003份。

组织焦点小组访谈和座谈。2010年7月5日至19日,公众参与小组在昆明市轨道交通公司和沿线各区、街道相关部门的协调和帮助下,深入沿线的17个社区,共计组织15个焦点小组访谈,并组织沿线的企业、事业单位有关人员和残疾人、妇女代表举行5次座谈,参与访谈和座谈的人员共计335人次。

10.5.7 公众意见的总结

通过问卷调查、小组访谈、座谈会、网络论坛、电子邮件等方式,公众参与小组全面收集了昆明市民对地铁交通,尤其是对3号线项目的各种意见和建议。

10.5.8 基于公众参与活动的建议

经过大规模的公众参与活动,昆明市民对地铁交通,特别是对地铁3号线项目有了进一步的了解,对地铁3号线项目的设计、建设施工和营运管理的各个方面提出了多方面的提醒和建设性意见。这些提醒和建议,虽然大多数是市民从自己个人角度或者所在社区角度出发提出的,未必每一条都有很强的参考性和可行性,但公众参与活动的组织者也深刻感受到,这些意见和建议是从地铁工程最终服务对象的角度提出的,包含了大量的合理性因素,如线路走向的优化、站点位置和出入口布置的调整、施工过程中环境和交通管理、移民安置、地铁营运的人性化管理等方面,有一些堪称细致入微的建设性意见,值得设计单位、建设施工者以及业主单位认真领会和参考,吸取其中合理的成分,完善项目的设计,周密部署项目的建设施工和营运管理,打造一条人性化的地铁交通线。基于这一认识,公众参与活动小组建议:

第一,继续通过多元的信息发布渠道,加大地铁 3 号线项目的宣传力度,让昆明市民,尤其是地铁 3 号线沿线社区居民对地铁 3 号线项目有更全面、更深入的了解。第一阶段的公众参与活动表明,昆明市民对地铁项目是高度关注的,也是十分愿意通过各种渠道表达自己的关切的,但地铁 3 号线项目的公众知晓度并不高,约四分之三的市民对地铁 3 号线不太清楚或者知之甚少。为此,应该在报纸、电视台、广播电台和网络等多元媒体上广泛宣传地铁 3 号线工程,唤起市民对项目的关注和参与。

第二,应该充分发挥沿线街道和社区组织在发布信息和组织公众参与活动中的作用,在沿线各社区设立地铁 3 号线信息发布和意见收集点,指定专人负责。将地铁 3 号线的基本信息,特别是所在社区的走向与站点设置,制成通俗易懂材料,由社区基层组织向所在社区居民发放,并征求居民的反馈意见和建议。

第三,对本报告中汇集的公众意见和建议,及时反馈给组织昆明轨道有限公司、项目设计单位,并组织会商,对有参考价值的意见加以吸取,对一些市民产生不同理解的情况加以说明和解释,形成一个《公众参与意见和建议反馈纪要》。

第四,将本《公众参与活动分析报告》和《公众参与意见和建议反馈纪要》发放至地铁 3 号线沿线的每一个社区,既彰显社区居民参与活动取得的积极成果,鼓励他们继续参与后续的类似活动,又对其中未能采纳的意见和建议作出解释性说明,取得市民的理解和支持,增强其参与后续活动的积极性。

参考文献

[1] (美)拉贝尔·J.伯基.社会影响评价的概念、过程和方法[M].杨云枫,译.北京:中国环境科学出版社,2011.

[2] Asian Development Bank. The Bank's Policy on Indigenous Peoples[Z]. 1998.

[3] Gender and Development Poverty Reduction and Economic Management Network. Applying Gender Action Plan Lessons: A Three-Year Road Map for Gender Mainstreaming (2011–2013)[Z]. 2010(5).

[4] Marethe de Waal.评估发展项目中的社会性别主流化[J].实践中的发展,2006(2).

[5] World Bank. About Gender Action Plan[Z]. 2007.

[6] World Bank. World Bank Environmental and Social Framework: Setting Environmental and Social Standards for Investment Project Financing[Z]. 2016(7).

[7] 蔡频.国外及世界银行对非自愿移民的基本做法[J].水力发电,2002(4).

[8] 陈绍军.世界银行贷款项目移民监测评估[J].水利水电科技进展,1997(6).

[9] 陈祥健.非自愿移民:世界银行移民安置政策及其启示[J].理论月刊,2001(12).

[10] 蒂娜·华莱士(Tina Wallace).英国非政府组织中的社会性别制度化[J].实践中的发展,1998(2).

[11] 刁莉,梁松,刘捷.20世纪80年代以来世界银行对华贷款及其经济社会影响[J].中国经济史研究,2011(4).

[12] 杜杰,娜芝琳·康季(Nazneen Kanji).社会性别平等与消除贫困在中国:发展政策与实践相关问题[Z].2003.

[13] 段绍光.河南省世界银行贷款林业发展项目探索与实践[M].郑州:黄河水利出版社,2010.

[14] 法兰克·范克莱(Frank Vanclay),安娜·玛丽亚·艾斯特维丝(Ana Maria Esteves).社会影响评价新趋势[M].谢燕,译.北京:中国环境出版社,2015.

[15] 黄剑,毛媛媛,张凯.西方社会影响评价的发展历程[J].城市问题,2009(7).

[16] 金慧华.论发展项目对土著居民环境权的影响——以世界银行土著民政策为中心[J].政治与法律,2009(7).

[17] 金慧华.世界银行非自愿移民政策探析——以环境保护为视角[J].社会科学家,2009(7).

[18] 乐施会.气候变化与精准扶贫——中国11个集中连片特困区气候脆弱性适应能力及贫困程度评估报告[Z].2015.

[19] 乐施会联合课题组."专项扶贫模式与少数民族社区发展"系列研究执行摘要[Z].2013.

[20] 尼古拉斯·泰勒(C. Nicholas Taylor),霍布森·布莱恩(C. Hobson Bryan).社会评估:理论、过程与技术[M].重庆:重庆大学出版社,2009.

[21] 世界银行.2012年世界发展报告:性别平等与发展[M].胡光宇,赵冰,译.北京:清华大学出版社,2012.

[22] 世界银行.世界发展指标(2015)[M].姜睿,译.北京:中国财政经济出版社,2015.

[23] 世界银行.世界银行贷款项目业务政策业务手册[Z].1999.

[24] 世界银行.世界银行第五期扶贫项目CDD操作手册——中国贫困农村地区可持续发展项目社区基础设施和公共服务项目实施手册[Z].2008.

[25] 世界银行.世界银行信息公开政策[Z].2002.

[26] 世界银行.世界银行业务政策·非自愿移民[Z].2001.

[27] 苏珊·谢区(Susanne Schech),桑加卡·沃什·德夫(Sanjugta Vas Dev).社会性别公正:世界银行解决贫困问题的新措施[J].实践中的发展,2007(1).

[28] 孙兆霞,毛刚强,等.第四只眼:世界银行贷款贵州省文化与自然遗产保护和发展项目(中期)"社区参与工作"评估以及重点社区基线调查[M].北京:社会科学文献出版社,2014.

[29] 唐传利,施国庆.移民与社会发展国际会议论文集[C].南京:河海大学出版社,2002.

[30] 谢世清.中国与世界银行:推动能力发展[M].北京:经济科学出版社,2014.

[31] 谢世清.中国与世界银行合作30周年述评[J].宏观经济研究,2011(2).

[32] 熊爱宗.世界银行近期改革:进展及评价[J].国际经济合作,2010(1).

[33] 亚洲开发银行.保障政策声明[Z].2009.

[34] 亚洲开发银行.亚洲开发银行资助项目社会评价培训手册[Z].2010.

[35] 闫温乐.世界银行与教育发展[M].上海:上海教育出版社,2013.

[36] 杨秋波,张水波.世界银行贷款项目中公众参与的思想、范围及启示[J].国际经济合作,2008(6).

[37] 叶扬,张文.世界银行治理结构改革与中国的应对策略[J].西部论坛,2015(3).

[38] 尹斯·斯密斯(Ines Smyth).讨论社会性别:在发展机构中的文字和含义[J].实践中的发展,2007(4-5).

[39] 佚名.世界银行关于非自愿移民的工作指南[J].人民长江,1995(11).

[40] 张朝阳."世行贷款/英国赠款中国农村卫生发展项目"改革探索与实践:中国农村卫生发展项目创新试点操作实务集[C].北京:中国协和医科大学出版社,2014.

[41] 周大鸣,秦红增.参与式社会评估:在倾听中求得决策[M].广州:中山大学出版社,2005.

后 记

本丛书由江苏省世行贷款淮河流域重点平原洼地治理项目管理办公室和北京海立信信息咨询有限公司联合组织撰写。

由于本丛书的内容涉及世界银行贷款项目管理过程中的采购、财务、工程、环境、社会、监测评价等各个方面，为了保证丛书的专业性和实用性，参与撰写人员都是常年从事世界银行项目管理和咨询服务工作的管理人员和专家，丛书风格偏重于实际操作，书中包含了大量的案例分析、报告模板和经验总结。

本丛书的撰写工作从2015年5月开始，其间经过了多次的研讨，反复修改，几易其稿，最终于2017年3月完稿，历时近两年时间。在本丛书的撰写过程中，恰逢世界银行开始了多项新的改革，特别是世界银行在2016年先后颁布了新的《采购框架》和《环境与社会框架》，是世界银行成立以来对相关政策的最大一次修改。为了保证本丛书的实效性，编写委员会专门组织专家对世界银行新的政策进行研究和解读，在书中对新政策也进行了详细的介绍，并对新旧政策进行了大量对比，希望能够有助于读者对世界银行新政策的了解。

本书由潘良君、何勇、王海涛领衔撰写，参与撰写人员包括潘良君、何勇、王海涛、张永生、朱小飞、罗意、杨富强、严学勤、戴秋萍、王茂运、邵群梅等，在此对所有参与撰写人员的辛勤付出表示由衷的感谢！

本书在撰写过程中，得到了江苏省水利厅和东南大学出版社的领导的大力支持，世界银行的相关专家也提出了许多宝贵的建议，特别感谢本书责任编辑孙松茜老师付出的辛勤细致的努力。本书在撰写过程中还参阅了大量的国内外著作和文献，吸收了很多学者的研究成果，限于篇幅等原因，书中未能一一列出，谨表深深的歉意和敬意。同时，由于编者水平有限，书中存在的不足之处，恳请同行和读者批评指正。